Ana Roa

CÓMO EDUCAR EN LA CULTURA DEL ESFUERZO

El camino y no solamente la meta

TOROMÍTICO

Ediciones Toromítico - Colección Padres Educadores
Director editorial: Óscar Córdoba
Editora: Ana Cabello
Maquetación: Miguel Andréu

www.toromitico.com
@Almuzaralibros
pedidos@almuzaralibros.com - info@almuzaralibros.com

Editorial Almuzara
Parque Logístico de Córdoba. Ctra. Palma del Río, km 4
C/8, Nave L2, nº 3. 14005 - Córdoba

Imprime: Gráficas La Paz
ISBN: 978-84-11314-97-8
Depósito legal: CO-178-2023
Hecho e impreso en España - *Made and printed in Spain*

A mi ángel de la guarda, a mis hijos Antonio y Andrea y a aquellos que siguen creyendo en el esfuerzo agradecido y en la fuerza de voluntad infinita como filosofías de vida...

Si comenzamos a valorar las acciones de nuestros hijos y su capacidad para asumir responsabilidades, además de reconocer su tenacidad para conseguir ciertas cosas... estaremos EDUCANDO EN «LA CULTURA DEL ESFUERZO»

La palabra *esfuerzo* posee muchos matices. Si para algunas personas implica el logro de resultados satisfactorios, para otras es equivalente a desgaste y cansancio... estas oscilaciones influyen a la hora de educar teniendo en cuenta el estilo de vida del siglo XXI. La sociedad actual funciona «a golpe de clic», no obstante, los primeros años son ideales para inculcar en hijos y alumnos un valor en desuso, la constancia. Si deseamos que entiendan el significado de la palabra *esfuerzo* debemos dar más importancia al proceso a la hora de conseguir un objetivo... Los resultados vendrán después porque una cosa llevará a la otra. La satisfacción ante una tarea bien hecha y las razones para realizarla con calidad serán determinantes a la hora de entender qué significa esforzarse y ser perseverantes. Cuando hablamos de esfuerzo nos referimos a una actitud indiscutible para desarrollar el aprendizaje, una motivación innata para interesarse por la innovación diaria. Por otra parte, el esfuerzo está relacionado íntimamente con la autoestima, con nuestro autoconcepto; si los niños se esfuerzan en el camino hacia las metas, se reduce su nivel de ansiedad y aumenta la felicidad.

Cuando hablamos de ESFUERZO nos referimos a fuerza de voluntad, motivación, constancia... Estos valores pueden ser enseñados y entrenados para ser aprendidos por los niños; nuestra labor como padres y educadores consiste, por tanto, en acompañarlos en aquellas situaciones adversas para que puedan formular sus estrategias. En multitud de ocasiones, por el contrario, nos dedicamos a resolver sus problemas sin darnos cuenta de que el paso del tiempo generará en ellos una dependencia que producirá sentimientos, poca utilidad e inconformismo, además de no apreciar el valor de todo aquello que poseen. Actualmente vivimos más cerca del otro extremo, nuestra sociedad carece de cultura del esfuerzo y aparentemente gran parte de nuestros objetivos se pueden conseguir sin perseverar y a «golpe de clic».

La publicidad o las redes sociales *venden* un éxito poco real que se consigue sin apenas trabajo y donde el proceso no es valorado, únicamente importa el resultado, creemos que todo parece asequible, rápido, fácil de conseguir e inmediato. La cultura del esfuerzo educa la voluntad y la perseverancia, no dependemos de tener buena o mala suerte para que las cosas nos salgan bien, dependemos de NUESTRO EMPEÑO.

La cultura del esfuerzo va acompañada de la autonomía, pero también de la ayuda. No podemos dejar solos a los niños ante las adversidades ya que en el terreno del abandono la seguridad se rompe; debemos ser su punto de apoyo para que desarrollen sus propias fortalezas. Es muy importante que se sientan competentes y que sepan afrontar frustraciones o aprender de los errores, nosotros valoraremos sus avances y recompensaremos sus esfuerzos a medida que van progresando en sus logros.

La motivación, el sentido de las tareas que tienen que realizar y el intento entusiasta son elementos a tener en cuenta para que ellos mismos valoren mejor sus esfuerzos, no obstante, si las cosas no salen como estaban previstas, es importante que estén educados en resiliencia... «vale la pena haberlas intentado», «el error como oportunidad de aprendizaje».

Educar en el esfuerzo es beneficioso y favorece el mantenimiento de la motivación para trabajar con ilusión y con ganas. Voluntad y responsabilidad están íntimamente relacionadas... La responsabilidad es la capacidad de responder con acciones adecuadas a las situaciones que la vida nos va presentando. Como padres y madres intentamos que nuestros hijos comiencen a comprender la necesidad de un equilibrio entre derechos y deberes, entre libertad y responsabilidad. Permitir a nuestro hijo ciertas responsabilidades (poner la mesa, regar las plantas de clase, cuidar la mascota...) implica ayudarle a entender que existen tareas que dependen de él; es importante que realice estos *encargos* con seriedad y lo mejor posible si realmente ha comprendido nuestro mensaje: «Cuando una persona es responsable tiene que responder de algo ante alguien porque se ha comprometido a hacerlo»... Desde la infancia los niños ya están en disposición de conocer qué significa la palabra *compromiso*.

Compromiso como «una invitación a conectar con el amor que somos de una forma sentida y práctica. Para que ese amor fluya en forma de compromiso a favor del bien de todos los seres y del planeta entero» (Enrique Martínez Lozano, 2021).

¿Cómo educar a nuestros hijos/ alumnos en la cultura del esfuerzo? He aquí unas breves CLAVES para ir abriendo boca:

— Orientar sus propios avances en lugar de imponer nuestras directrices.
— Saber que infravalorar sus esfuerzos y sus progresos puede desembocar en actitudes de frustración y abandono.
— Tolerar sus errores porque el esfuerzo está acompañado de las equivocaciones.

— Celebrar los éxitos que van consiguiendo en el camino, pues son más importantes que el resultado final.

— Ayudar a que encuentren soluciones y respuestas utilizando la pregunta poderosa y fructífera «¿para qué?» basada en el momento presente.

— Enseñar a que cuiden los detalles y conozcan el valor de las cosas.

— Ayudarles a controlar su impulsividad y poca paciencia.

— Enseñar a que comprendan el significado de «perseverancia», no todo puede lograrse «aquí y ahora».

— Hacerles comprender que los errores cometidos están en el camino que recorren y pueden convertirse en una fuente de aprendizaje.

Como dice J. Antonio Marina, «El deber es el gran estabilizador de la conducta. Añade a la motivación una parte más racional que, sin embargo, debe aprenderse. El hecho de que todos tengamos que cumplir nuestras obligaciones es un principio básico de la estructura personal».

SI DESEAS EDUCAR A TU HIJO/ALUMNO EN LA CULTURA DEL ESFUERZO:

1. Transmítele el gusto por hacer las cosas con ganas e interés.

2. Contágiale energía positiva, optimismo y fuerza de voluntad a diario.

3. Elimina las quejas continuas de tu lenguaje.

4. Plantéale pequeños retos diarios que pueda ir superando.

5. Dale el tiempo necesario para que sus expectativas no lo asfixien.

6. Potencia su autonomía personal y la toma de decisiones.

7. Enséñale a tratarse con respeto y sin necesidad de sentirse perfecto.

8. Aplaude sus logros conseguidos por no quedarse de brazos cruzados.

9. Enséñale a elegir a sus aliados para recorrer el camino que nos ofrece la vida.

10. Explícale que el error permite el nacimiento de nuevas oportunidades para aprender.

UNA PRIMERA REFLEXIÓN
PARA COMENZAR...

Durante la infancia, los más pequeños quedan fascinados ante juguetes u objetos nuevos que les llaman la atención, por tanto suelen pedir la mayoría de las cosas que descubren; nos encontramos, por tanto, ante una actitud muy generalizada que incluso puede ir acompañada de intensas rabietas. El problema se acentúa cuando continúan con esta forma de actuar a medida que crecen... Nuestra respuesta como padres va a ser determinante desde los primeros momentos para que no se prolongue en el tiempo.

En ocasiones nos sorprendemos verbalizando «No valora lo que tiene y siempre quiere más»... cuando el niño es esclavo del capricho no es capaz de reprimir sus deseos y exige que los padres, abuelos, educadores o adultos que le rodean estén pendientes para poder satisfacerlos. Al principio actúa de manera impulsiva, sin embargo, a medida que crece, los caprichos se vuelven más rutinarios y responden a un aprendizaje previo de que cualquier cosa que pida, se le concederá. Hoy en día conocemos a muchas familias que han llegado a este extremo ante las continuas exigencias del pequeño.

Expresiones como «lo quiero ahora mismo» o «lo necesito ya» son algunas de las que más gustan a nuestros hijos. Parece como si la compra de ese juguete fuera un asunto prioritario y urgentísimo para ellos. ¿Creemos que son caprichosos? ¿Les enseñamos a distinguir entre lo necesario y lo prescindible? Mostrarse caprichoso es algo común en determinados momentos de la vida del niño, pero ¿qué ocurre si se convierte en la actitud más habitual?

¿CÓMO ENSEÑARLES A DIFERENCIAR ENTRE EL CAPRICHO Y LA NECESIDAD?

Desde la infancia es necesario que aprendan a:

— Planificar para lograr objetivos
— Regular su comportamiento
— Distinguir características relevantes de las que no lo son
— Aplazar recompensas
— Manejar la frustración
— Valorar lo que tienen
— Priorizar necesidades

No es lo mismo un capricho que una necesidad, no es lo mismo desear la muñeca o el videojuego de moda que necesitar una cama para dormir o ropa para vestirse... el capricho puede esperar, la necesidad no...

Algunos trucos:

— Escribir una lista de cosas que desea pero no puede tener en el momento. Lo más probable es que con el paso del tiempo esa necesidad disminuya y llegado el momento ya no le interese.

—Animarle a colaborar en la lista de la compra, por ejemplo, para que aprenda planificación, autocontrol y prioridades.

—Manejar el dinero una vez que llegue a la edad adecuada le ayudará a ser responsable. Puede guardar en sobrecitos diferentes el dinero para ahorrar y el dinero para gastar... teniendo en cuenta también que, en ocasiones, tendrá que compartir algo de su dinero para, por ejemplo, hacer un regalo de cumpleaños...

Posteriormente y eligiendo un momento del día en el que nuestro hijo esté más receptivo, podemos averiguar si ha comprendido la diferencia entre capricho y necesidad formulando preguntas suaves y adaptadas a su nivel de maduración:

— ¿Por qué quieres este juguete o videojuego?
— ¿Qué pasaría si no pudieras tenerlo ahora?
— ¿Sería un problema grave para ti no tenerlo ahora mismo?
— ¿Cómo te sentirías si pudieras tenerlo dentro de unas semanas?
— ...

En los tres bloques y sus diversos capítulos que componen este libro trataremos la cuestión de cómo enseñar a nuestros hijos a distinguir lo verdaderamente necesario de lo accesorio, hecho que conlleva educación y autocontrol para regular el propio comportamiento, la planificación y el logro de objetivos; la capacidad de diferenciar entre datos relevantes y no relevantes; la interiorización del propio comportamiento, del razonamiento lógico y del pensamiento hipotético... Es decir, una exhaustiva serie de habilidades cognitivas que ayudan a ralentizar la gratificación inmediata y poder tomar una decisión basada en la reflexión.

BLOQUE 1: LA CULTURA SOCIAL

Los niños tienen su manera de vivir, de aprender y de relacionarse con el mundo, sus propias necesidades de expresión, de movimiento y de interacción.

Cultura de infancia: conjunto de rasgos distintivos expresivos, corporales, intelectuales y afectivos que caracterizan a la infancia y que abarca todas las artes y las ciencias, los modos de vida, las maneras de vivir juntos, los sistemas de valores, las tradiciones y las creencias que giran en torno a ella (Cultura de Infancia).

Es necesario que la familia y la escuela comiencen a permitirles expresar opiniones desde sus necesidades, gustos e intereses. Se trata de hablar de nuestros pequeños como seres activos y no seres pasivos influenciados por el consumismo.

«¡Yo quiero!», «¡Cómprame!», «¡Mis amigos lo tienen!»... Escuchamos estas palabras varias veces al día. Los niños y adolescentes de hoy son bombardeados a diario por anuncios de televisión o publicidad en redes sociales... Nuestros hijos y alumnos se convierten en pequeños consumistas que desean adquirir más y más artículos que la mayoría de las veces son innecesarios.

La actualidad fomenta «a golpe de clic» y de manera compulsiva la creencia de tener continuas necesidades materiales, aunque la sostenibilidad poco a poco va ganando terreno. En cualquier caso, el exceso de juegos electrónicos, dispositivos, consolas y ordenadores, anulan en el niño la capacidad de inventar, crear o entretenerse... ¡en ocasiones necesita aburrirse!

El niño consumista deja de valorar los juegos donde el triunfo es un logro conseguido con esfuerzo, los juguetes son materiales que se desechan con facilidad potenciando su propia ansiedad. Nosotros, los adultos, comenzamos a estar concienciados en moderar nuestro propio consumismo, nos damos cuenta de que el tamaño de un regalo no es garantía de recibir más cariño del niño. Comencemos a educar a los pequeños sin olvidar que la publicidad es engañosa y nos embauca para gastar cada vez más dinero. Trabajemos en una buena educación para el consumo y eduquemos en una cultura del esfuerzo.

En los siguientes capítulos encontrarás referencias condicionadas a la cultura social en la que estamos inmersos, desde el elogio hasta la argumentación eficaz. Te animo a disfrutar de su lectura.

CAPÍTULO 1
¿REGALAMOS DEMASIADOS ELOGIOS PARA ALIMENTAR NUESTRA CULTURA DE LA IMAGEN? ¿ALENTAR O ELOGIAR?

Una de las grandes alegrías de la infancia es descubrir algo nuevo y saberse capaz de hacer algo por uno mismo. Los elogios en exceso pueden hacer que el niño pierda el placer y el orgullo de disfrutar de sus propios logros. Resulta imprescindible alentarles, animarles a tener iniciativas y a hacer cosas por su cuenta comentándoles cuáles son sus fortalezas y debilidades y cómo convertir estas últimas en fortalezas, ellos lo agradecerán en el futuro. El elogio es una gran herramienta educativa que podemos emplear con nuestros hijos para favorecer su autoestima y confianza siempre que hablemos de elogios realistas, sinceros, aplicados en los momentos justos y dosificados... Los niños excesivamente elogiados pueden volverse niños vanidosos y con poca capacidad de automotivación... su objetivo no será realizar un trabajo por su propia satisfacción, sino para recibir un elogio después. Los elogios más eficaces son los que se refieren a actuaciones concretas, aquellos que ayudan al niño a desarrollar una mayor conciencia de lo que sí está bien y de lo que no es correcto.

En el caso de la autoestima, en el término medio está la virtud, ya que no se debe pecar ni por exceso ni por defecto. El hecho de elogiar a los niños para aumentar su confianza y autoestima puede parecer positivo *a priori*, pero el elogio esconde un peligro en el que es muy fácil caer si no somos conscientes de su importancia. Si elogiamos de forma incorrecta a nuestros hijos, podemos provocar el efecto contrario al que queremos conseguir: una necesidad de aprobación constante de la que va a depender toda su vida, además de convertirle en un niño vanidoso, acostumbrado al elogio fácil, lo que le frustrará en su vida adulta cuando no logre ese elogio al que está tan acostumbrado y que tanto necesita.

Alentarlos y reconocer lo positivo que cada niño tiene les ayuda a sentirse bien con ellos mismos y les motiva a aceptar el esfuerzo que supone un aprendizaje, ya que están seguros de sus capacidades. No obstante, cuando reciben elogios en exceso, empiezan a hacerse dependientes de la opinión de los demás y actúan correctamente si saben que existe una recompensa. El elogio excesivo y sin propósito suele provocar que el móvil de las acciones del niño deje de ser interno para pasar a perseguir la recompensa externa, con lo que la satisfacción de sentirse capaz de hacer algo bien y de haberlo hecho pasaría a un segundo término. Como adultos tenemos la creencia de que el elogio aumenta la autoestima, sin embargo, el efecto puede ser contrario y en lugar de desarrollar la confianza y la seguridad en ellos mismos puede desembocar en una dependencia de las alabanzas. A veces estamos demasiado pendientes de lo que hacen con más dificultad y perdemos de vista las cosas interesantes, bonitas, inteligentes y amables. Una sonrisa o decirles que te gusta cómo han hecho este trabajo son algunos de los mensajes positivos que podemos enviarles; en definitiva, es muy importante darse cuenta de lo positivo y expresarlo.

LOS ERRORES COMO OPORTUNIDAD DE APRENDIZAJE

El hecho de aprender de los errores es afrontar el reto de aprender a hacer las cosas de manera diferente. Es el momento de probar nuevos enfoques y de cambiar la perspectiva de lo sucedido.

Como padres, intentaremos proporcionarles el apoyo emocional que necesitan en cada momento, les haremos ver cómo pueden aprender de los errores y buscar soluciones. Es importante que:

— Aceptemos a nuestros hijos tal y como son.
— Nos aseguremos de que ellos perciban nuestro amor incondicional.
— Cambiemos nuestra manera de ver los errores, no como algo negativo sino como una prueba más en la vida.
— Reconozcamos los errores, frente a los hijos, como señales de experiencia, humildad y amor.
— Les ayudemos a encontrar la mejor solución cuando cometan errores.
— Les pongamos ejemplos de errores, las consecuencias que traen y cómo podemos aprender de ellos.
— Alabemos su capacidad de resolución para buscar soluciones positivas.
— Les enseñemos que el error es parte de la vida y no tiene que convertirse en fracaso, sino en nueva oportunidad.
— Les enseñemos a aprender, buscar respuestas y cultivar la curiosidad.
— Les permitamos experimentar por sus propios medios.
— Les ayudemos a aumentar su capacidad de resiliencia para confiar más en ellos mismos.
— No les permitamos que la rabia sea sinónimo de frus-

tración (o viceversa), no cederemos ante sus escenas y rabietas.

— Les ayudemos a fijar metas razonables para que se sientan orgullosos y satisfechos al cumplirlas.

— Les inculquemos la capacidad para reconocer su error y la habilidad para disculparse cuando sea necesario.

— Les expliquemos que, si se comete un error grave, no se debe huir de la responsabilidad ni ponerse a la defensiva.

Todos tenemos derecho a equivocarnos y estar dispuestos a aprender de ello.

Los errores son necesarios, útiles como el pan y a menudo también hermosos: un ejemplo es la torre de Pisa. Giani Rodari (2020).

¿CÓMO APLICAR EL ELOGIO CONSTRUCTIVO?

— Concretar nuestro elogio y hacerlo con rapidez. En lugar de decir continuamente: «¡Buen trabajo!», podemos decir frases como: «Veo que lees cada vez mejor y te interesa mucho el libro que estás leyendo». Además, los elogios son más eficaces cuando se producen pronto. No debe pasar demasiado tiempo entre el comportamiento del niño y nuestra respuesta.

— Describir el trabajo que va realizando nuestro hijo y reconocer sus méritos. En lugar de decir: «¡Qué dibujo más bonito! ¡Eres un genio!, ¡Qué bien has cantado la canción! ¡Tu voz es preciosa cuando cantas!... », podemos decir: «¡Qué árboles tan grandes has pintado!», «Veo que te has dado cuenta de muchos detalles que había en el paisaje», «He notado que te has esforzado mucho en cantar la canción para que saliera muy bien». De esta forma describimos lo que ha hecho y estamos reconociendo su trabajo, y en lugar de hacer la alabanza solamente al niño, aprendemos a alabar su trabajo, por ejemplo: «¡Cuánto te has esforzado!, ¿estás orgulloso?».

— Reconocer que se siente feliz. «¡Qué contento estás!», «¿Te sientes orgulloso de tu trabajo?».

— Utilizar palabras para alentarlo y reconocer su evolución. «¡Seguro que puedes hacerlo!», «¡Ánimo, campeón!», «¡Cada vez lo estás haciendo mejor!», «¡Tu esfuerzo merece la pena!».

— Agradecer lo que hace por nosotros. Cuando nos haga algún regalo, darle las gracias: «¡Muchas gracias! ¡Estamos muy contentos de que hayas hecho esto por nosotros!».

— Decir la verdad con realismo. No es necesario que le digamos que ha hecho un buen trabajo si en realidad no es así. Los niños detectan muy rápido cuándo les estás mintiendo.

Un apunte

Los niños «demasiado acostumbrados a los elogios» sufren una mínima tolerancia a la frustración, dependen de la aprobación de los demás y no quieren correr riesgos; su deseo es moverse en terreno seguro, así seguirán recibiendo alabanzas y continuarán forjándose una imagen positiva de sí mismos un tanto ficticia. Como padres, es importante alentar y reconocer en nuestros hijos el esfuerzo, el interés y la dedicación a determinados asuntos (actualmente la «cultura del esfuerzo» parece haber caído en el desuso), en lugar de decir: «¡Eres un genio tocando el violín!», sería interesante decir: «¡Qué bien suena!, ¡se nota que has practicado!».

CAPÍTULO 2
¿ENSEÑAMOS A CULTIVAR EL PENSAMIENTO CRÍTICO PARA CONVIVIR EN UNA CULTURA DIVERSA?

Dentro de una sociedad inmersa en la tecnología donde manejamos infinita información cabe preguntarnos: ¿serán nuestros hijos capaces de diferenciar entre la información que es relevante y la que no lo es? ¿Diferenciarán aquellas fuentes que son fiables de las que no? ¿Sabrán tomar decisiones? ¿Tendrán una opinión propia basada en el contraste de información? «La reflexión crítica permite saber qué intentos por modificar nuestro modo de pensar son los mejores y conocerlos nos permitirá aplicar aquellos que nos van a reportar los resultados más deseables. Ya en pleno siglo XXI, nos encontramos inmersos en un momento histórico claramente paradójico: la revolución planetaria que ha supuesto Internet permite el flujo total de todo tipo de información y lo hace al instante, y gracias a ello tenemos la posibilidad de acceder prácticamente a cualquier estudio o documento de interés. Sin embargo, tener o acceder a la información no es lo mismo que conocer o saber...» (Carlos Saiz Sánchez, 2017).

Pensar de forma crítica favorece la motivación y la curiosidad por aprender, ya que convierte al niño en el protagonista de su aprendizaje y no en un mero receptor de la información. Se trata de pensar de forma racional teniendo en cuenta todas las posibles opciones y las consecuencias derivadas de estas, sin dejarse llevar por las emociones, lo que es una ventaja a la hora de resolver problemas y tomar decisiones. Cuando hablamos de pensamiento crítico nos referimos al proceso intelectual que se realiza de manera consciente y que nos permite pensar de manera analítica, evaluar, interpretar y explicar la realidad de manera objetiva; de esta manera estamos receptivos a la información y la cuestionamos si tenemos dudas para tomar la decisión correcta. En definitiva, el pensamiento crítico permite a los niños tener más conciencia social y anticipar acontecimientos actuando ante ellos con autonomía y responsabilidad, así como ser más flexibles a nivel cognitivo y ante distintos puntos de vista. Cada vez se hace más necesario dotar a nuestros niños/alumnos de recursos para desarrollar la capacidad de aprendizaje... El pensamiento crítico implica profundizar en los datos informativos para comprender su significado real, enfocar los hechos o situaciones desde varias perspectivas y/o tomar una decisión con autonomía y responsabilidad.

Siempre hemos encontrado niños curiosos por naturaleza que se cuestionan las cosas de forma natural. No obstante, todos pueden aprender habilidades de pensamiento crítico y nosotros podemos realizar actividades prácticas como:

— Responder «su porqué» de manera indirecta. Cuando el niño pregunte el porqué de algo es importante no responderle de forma directa, sino preguntarle qué cree él para que primero obtenga sus propias conclusiones (preguntas abiertas y fructíferas).
— Servir de modelo ante la resolución de un problema o situación.
— Promover preguntas poderosas y fructíferas para reflexionar en profundidad.
— Antes de comenzar la lectura de un libro, hacerle pregun-

tas para que sea consciente de la información previa que conoce acerca de ese tema y, al terminar una lectura, preguntar qué sabía antes sobre ese tema y qué sabe ahora y si ha cambiado algo de lo que pensaba.

— Permitir que el niño aprenda mediante la búsqueda de información en distintas fuentes, después analizarla y resolver las dudas que puedan surgir.

— Ayudarle a comprender conceptos. Por ejemplo, podemos pedirle que busque una palabra en el diccionario para después preguntarle qué significa para él ese concepto y pedirle que lo aplique en algún ejemplo.

— Entrenarle en la resolución de problemas cotidianos: ayudarle a identificar el problema, hacer una lluvia de ideas sobre todas las posibles soluciones, pensar las ventajas e inconvenientes de cada una de ellas y decidir cuál es la mejor opción final.

— Realizar debates acerca de temas controvertidos en los que tenga que defender su postura, pero también la postura contraria, con argumentos y no con opiniones o creencias.

— Enseñarle a comparar y contrastar cosas. Por ejemplo, preguntarle en qué se parecen y se diferencian dos conceptos, dos personajes...

— Cuando se equivoque, hacerle preguntas para ayudarle a encontrar la verdadera solución fomentando un clima de confianza y relajado.

— En aquellos aspectos en los que pueda hacerlo, dejarle decidir de manera autónoma para que aprenda a asumir la responsabilidad de sus propias decisiones.

— Analizar y comparar una noticia desde diferentes perspectivas ya sea con diarios, distintos canales de televisión, la radio...

— Plantear un debate a partir de la lectura de un libro, de un artículo, de la visualización de un vídeo, de una situación conflictiva... El debate permite que argumente la posición que ha escogido.

ES MUY IMPORTANTE

— Fomentar en nuestros hijos el interés por el conocimiento del máximo número de temas posibles.
— Ayudarles a comprender el mundo que nos rodea mediante noticias cotidianas adecuadas a su edad, películas y/o documentales.
— Animarles a argumentar sus puntos de vista debatiendo temas, intercambiando los roles y tomando diferentes posiciones, analizando anuncios de la televisión con sus imágenes y mensajes, descubriendo publicidad engañosa.
— Fomentar valores como la empatía, la justicia, la igualdad, el respeto y la tolerancia, la libertad, la honestidad, la responsabilidad o la humildad.
— Practicar la toma de decisiones organizando y decidiendo juntos sobre actividades cotidianas, como la lista de la compra, el reparto de tareas, las normas del hogar, las actividades de ocio...

Algunas características del pensamiento crítico para tener en cuenta y favorecerlo en nuestros hijos:

— Observar con detalle la información y emitir conclusiones sin anticiparnos demasiado.
— No actuar de manera conformista, buscar el porqué.
— Estar pendiente de nuevos descubrimientos y relacionar los conocimientos nuevos con los antiguos (aprendizaje significativo).

— No tener opiniones rígidas, aceptar las ideas de los demás y reconocer cuándo se está equivocado.

— Afrontar las decisiones difíciles.

— Controlar nuestra forma de pensar y de actuar (autorregularse).

— Mantener la calma frente a pensamientos contrarios a los nuestros y no dejarnos llevar por los impulsos (reactividad excesiva).

— Otorgar a las opiniones y situaciones vividas el valor que objetivamente se merecen.

Un apunte

Los niños están tomando pequeñas decisiones continuamente guiados por la intuición o por sus sentimientos... podemos enseñarles otra forma de hacerlo por medio del pensamiento crítico. Potenciar su pensamiento crítico les permitirá diferenciar la ingente cantidad de información que manejan y clasificarla separando lo importante de lo secundario. Este requisito es fundamental en nuestra sociedad digital, en la que están expuestos a un enorme torrente de contenido de todo tipo, especialmente *fake news*. Si desde pequeños desarrollan la capacidad de cuestionarse la realidad y examinarla a fondo, llegarán a la edad adulta con una mayor madurez intelectual.

CAPÍTULO 3
¿NOS PLANTEAMOS POR QUÉ TODO SON ANTOJOS EN UNA CULTURA CERCANA AL CONSUMISMO?

Nos encontramos con generaciones de niños que pocas veces están satisfechos, sus demandas no tienen límites y siempre quieren más. Les cuesta ponerse en el lugar del otro, el hecho de pensar en los demás en ocasiones «parece de otro planeta» y, por otra parte, se encuentran con una sociedad en la que predomina el supuesto bienestar. El ocio organizado se adueña del tiempo libre, enseguida aparece la temida expresión «me aburro» alterando notablemente la dinámica familiar...

Observamos niños aburridos en el momento que no tienen programada su agenda, niños que empiezan a poner nerviosos a los padres y que se muestran poco autónomos, les cuesta improvisar o ser creativos. Están acostumbrados a que todo les venga de fuera y sus necesidades tengan que ser satisfechas inmediatamente, no buscan por sí mismos la habilidad de sentirse bien... Quizá si la organización de su tiempo libre, el hecho de inventar juegos o de explorar soluciones distintas y de investigar alternativas fueran responsabilidad, su creatividad sería diferente. En la época actual, las necesidades básicas de los niños y las «no tan básicas» están demasiado cubiertas; las generaciones actuales pertenecen a unos tiempos en los que el ocio presenta posibilidades ilimitadas, no obstante, nos encontramos con la falta de ilusión, la insatisfacción continua y la pereza.

«*Vivimos en un mundo gobernado por el consumo, en muchas ocasiones desordenado o poco sostenible. Cada vez se hace más importante concienciar a la sociedad, desde las etapas tempranas de su desarrollo, a consumir de una manera responsable los recursos disponibles, los productos manufacturados y los servicios ofrecidos. Indudablemente, el concepto de consumo se relaciona de forma directa con la idea de salud que exista en el subconsciente colectivo, variante a lo largo de la historia, por lo que no creemos posible separar ambos términos y pensamos que transmitir pautas saludables desde la etapa infantil es una inversión de futuro para las siguientes generaciones*». (Manuel Mora y Sebastián Rubio, 2019).

EGOCENTRISMO Y PEQUEÑOS QUEHACERES

Desde que el niño nace hasta bien avanzada la infancia, es un ser egocéntrico. El egoísmo (que según la definición extraída del Diccionario de la Real Academia Española procede del latín *ego*, yo, y se trata de un inmoderado y excesivo amor a sí mismo, que hace atender desmedidamente al propio interés, sin cuidarse de los demás) es un estado natural inicial de la persona en el principio de su vida, etapa en la que conoce pocas cosas que no tengan que ver con ella misma y sus propias necesidades. El niño queda complacido cuando consigue satisfacer sus necesidades y se frustra cuando no; percibe la realidad desde lo que ve y vive, el resto deja de existir en ese momento. Su punto de vista es el único válido y es incapaz de adoptar la perspectiva de otra persona, todo lo interpreta en función de su propia apreciación y experiencia.

De ahí que en las primeras edades el niño sea egocéntrico, piense que todo gira a su alrededor y se sienta el centro del universo. Poco a poco, a medida que empieza a crecer, podemos hablarle de la existencia de los otros, comenzar a educar su empatía, explicarle cómo tener en cuenta a los demás, cómo se sienten los otros y cuáles son sus percepciones.

Cuando pasan los primeros cumpleaños se amplía su red social, vivencias y experiencias interesantes, comprende límites y comienza a desarrollar su inteligencia emocional; aparecen «los otros» con todas sus consecuencias, sus deseos, sus opiniones, sus sentimientos...

ES IMPORTANTE TENER EN CUENTA QUE

— Complacer todos sus deseos y peticiones no les hará más felices. Los niños necesitan encontrarse con un NO razonable y razonado si el momento y la situación lo precisan.

— Los niños deben saber que cuando decimos «NO», queremos decir «NO». Se pueden negociar algunos pequeños detalles concretos de sus peticiones pero la totalidad es importante mantenerla. De nada sirve un «Sí disfrazado de No» o un «No» producto de nuestro desbordamiento emocional.

— En determinadas situaciones, es necesario describir nuestros sentimientos, ayudarles a entender que sus intereses no siempre coinciden con los nuestros o con los de otras personas y que sus deseos no son más importantes que los de los demás.

La Navidad es una época mágica, los Reyes y Papá Noel conceden todo y no tienen limitaciones. Resulta interesante ayudar a los niños a elegir los próximos juguetes y empezar a escribir o a dibujar la carta a los Reyes Magos de forma conjunta; aprovecharemos esos momentos hablar de un *consumo responsable* y ayudarles a comprender que no pueden pedir todo lo que se les antoja porque elegirían juguetes que posiblemente no son los que de verdad desean.

Se trata de diferenciar entre lo que les gusta y lo que realmente quieren y les beneficia. Cuando las posibilidades son infinitas es necesario que aprendan a controlar los deseos y puedan elegir libremente. ¿Cómo ayudarles?, ¿cómo aminorar ese continuo «me pido esto»? Les facilitaremos sus elecciones si reducimos la larga lista de posibilidades. En los catálogos de juguetes podemos marcar una serie de páginas para ellos acordes a su edad o a sus gustos descartando el resto. Aprender a desear o a pedir lo conveniente es muy complicado en un mundo consumista, por lo que resulta muy recomendable elaborar una lista que combine caprichos con regalos didácticos, teniendo en cuenta que cada juguete está, en principio, diseñado para una franja determinada de edad. Es prioritario tener también en cuenta aquellos juguetes naturales, sencillos y de grandes posibilidades que promueven su creatividad.

Un apunte

Desde los primeros años es muy conveniente que tengan responsabilidades pues no son demasiado pequeños para ocuparse de ciertos quehaceres tales como guardar sus juguetes, colocar la mochila del cole en su sitio, poner la mesa, colocar la ropa sucia en el cesto... De esta manera evitaremos consentir todos sus caprichos.

CAPÍTULO 4
¿CÓMO PODEMOS ESTIMULAR A NUESTROS HIJOS INMERSOS EN UNA CULTURA PROCRASTINADORA?

La procrastinación es originaria del latín, de la palabra «procrastinatĭo» que quiere decir aplazar, diferir o posponer. Su principal acepción es la acción y el efecto de procrastinar. Es decir, puede definirse como el hábito o costumbres que poseen ciertas personas de posponer ciertas actividades, ocupaciones, tareas y situaciones que deben ser atendidas en un determinado momento, reemplazándolas por otras menos importantes pero más agradables. Este hábito puede originarse debido a la problemática de la organización y autorregulación del tiempo de las personas; así que esta costumbre de procrastinar o posponer una decisión puede tomarse como una conducta evasiva. Concepto-definición:

Los perezosos, como su nombre indica, tienen poca necesidad de apresurarse. La mayor parte del tiempo viven en lo alto de las ramas de bosques que se extienden a través de Centroamérica y América del Sur, y solo bajan al suelo para defecar.

Sin duda, llevan una vida en cámara lenta. BBC

Un niño perezoso no presenta dificultades físicas, psicológicas, de aprendizaje ni tampoco emocionales, solamente tiene pereza a la hora de realizar sus tareas, no quiere hacerlas. Cuidado con la confusión existente entre la falta de motivación y la pereza. En ocasiones los niños se encuentran poco estimulados y les falta entusiasmo a la hora de realizar alguna actividad... Cuando hablamos de pereza, la actitud ante cualquier tarea o juego es más pasiva, da lo mismo que se trate de subir a un tobogán como de asistir a un cumpleaños o quizá tener que levantarse temprano.

Piers Steels (2012) en su libro-guía *Procrastinación* explica «por qué dejamos para mañana lo que, efectivamente, podríamos hacer hoy, analizando los mecanismos que activan este tipo de conducta y nos dan las claves para poder vencer estos patrones destructivos que afectan a la felicidad de nuestro día a día». En este capítulo hablaremos detalladamente de estas actitudes.

Si nuestro hijo se muestra perezoso, nos puede servir de gran ayuda:

— Planificar las tareas y estructurar su tiempo, tanto en los deberes del colegio como en las actividades cotidianas. Tener claro cómo y cuándo debe hacer la tarea es muy necesario, ya que se ahorra un paso previo, es conveniente que tenga fijada una rutina diaria, la cual tendría que ser supervisada.

— Fijar metas claras, reales y alcanzables que garanticen el éxito a corto y a largo plazo. Estas le ayudarán a ganar confianza en sí mismo, pues su autoestima puede dañarse sufrir insatisfacción personal.

— Tener apoyo social y sentirse valorado por esforzarse para hacer las cosas. De esta manera se sentirá más reconocido y evitaremos que abandone objetivos que ha planificado.

— Realizar cada día una serie de tareas previamente asignadas. Dependiendo de su edad y de sus habilidades puede colaborar en casa poniendo y recogiendo la mesa, haciendo su cama, ordenando su ropa y preparando la que va a usar al día siguiente...

— Limitar un tiempo para la realización de esas tareas. Deben hacerse de manera rutinaria a una hora estipulada y en un tiempo que estimemos oportuno negociado previamente. No vale dejar los platos sin recoger hasta pasada una hora después de la cena o hacer la cama a la vuelta del colegio...

— Exigir constancia y rutina a la hora de hacer las tareas. No sirve que las realice dos días seguidos y después esté varios días sin hacerlas... Es muy importante que aprenda a ser constante para conseguir llegar a una rutina.

— Reforzar de manera positiva la buena conducta y alabarle cuando cumpla con su deber; él necesita escucharnos para seguir avanzando.

— Eliminar frases negativas como «¡qué vago es!». Estas expresiones provocarán su desmotivación y su comportamiento no será el esperado.

— Dialogar con nuestro hijo sobre el esfuerzo y el hábito de trabajo diario. En ocasiones no comprende para qué es útil y por qué es indispensable que lo considere un valor positivo para el futuro.

— Ser un ejemplo para él. Es cierto que el día a día es arduo y nos sentimos cansados, pero si estamos quejándonos continuamente no seremos buenos referentes y no tendrá ganas de hacer sus cosas.

— Cuidar el exceso de proteccionismo. A veces tendemos a darle todo hecho y surge la pregunta: el niño perezoso, ¿nace o se hace? Es muy importante que aprenda a ganarse las cosas esforzándose, siendo responsable y sintiéndose satisfecho con la labor realizada.

— Organizar una tabla con horarios para que su atención esté focalizada en «aquí y ahora».

LA REGLA DEL MINUTO, MÉTODO JAPONÉS KAIZEN CONTRA LA PEREZA

Este método, creado por Masaaki Imai, se inspira en la palabra japonesa *Kaizen*, que deriva de la conjugación de dos vocablos, *kai*, que significa cambio o acción de enmendar, y *zen*, que se traduce como bueno, beneficioso o sabiduría.

Este método japonés se centra en la constancia, el esfuerzo y la persistencia como motores para combatir la desidia, mejorar los hábitos y conseguir las metas propuestas. Consiste en destinar solo un minuto a la tarea que más les cuesta y siempre a la misma hora para así crear una rutina. Este pequeño y sencillo paso puede ser el comienzo de un cambio profundo en los hábitos de nuestro hijo. La constancia le ayudará a mejorar y cambiar esa actitud perezosa y, al repetir a diario la misma actividad durante un minuto, se irá acostumbrando, y al cabo de pocas semanas ya formarán parte de su rutina cotidiana. Después, el paso siguiente será ir aumentando el tiempo de forma progresiva. Una vez que el pequeño se sienta motivado y haya convertido esa tarea en un hábito, podremos incrementar el tiempo que le dedica a la misma, primero a dos minutos, luego a tres y así sucesivamente hasta que pueda completar la actividad.

Su principio fundamental puede resumirse en una frase: «Hoy mejor que ayer, mañana mejor que hoy», y su objetivo es conseguir que los niños dediquen un solo minuto a alguna actividad o tarea que les cueste hacer; la idea es pasar de la «remolonería» a la perseverancia. Sesenta segundos puede parecer muy poco tiempo, pero lo cierto es que es el tiempo mínimo que se necesita para comenzar a instaurar un hábito sin que la pereza aparezca.

La efectividad radica en la gradualidad y la continuidad. Cuando los niños tienen que dedicarles demasiado tiempo a las tareas que no les gustan, estas se vuelven más tediosas e insoportables. Sin embargo, si saben que tan solo deben dedicarles un minuto, se mostrarán menos reticentes ya que, a fin de cuentas, es muy poco tiempo. Es muy importante que los niños comprendan lo necesario que resulta avanzar un poco cada día, aunque se trate de pasos pequeños y los resultados no sean perfectos; así daremos el valor al proceso y no al resultado inmediato.

Un apunte

La pereza está relacionada con los hábitos y las costumbres adquiridas, no podemos considerarla como un rasgo de nuestra personalidad, si bien pueden influir los factores biológicos, pero no son determinantes. El conflicto se origina cuando no es corregida a tiempo y el niño perezoso acaba por convertirse en un adulto perezoso. Es durante la infancia cuando se deben marcar una serie de pautas a nuestros hijos y estimularlos, de tal manera que se enfrenten a los retos y sean capaces de proponerse metas alcanzables y realistas.

CAPÍTULO 5
¿ENSEÑAMOS A LOS NIÑOS A ARGUMENTAR Y DEBATIR CON EFICACIA EN UNA CULTURA ESCASA DE VALORES?

Aprender a argumentar se ha convertido en una habilidad importante y reclamada para el futuro de nuestros hijos, de hecho, es una de las competencias más valoradas en el entorno laboral actual. De la misma forma que algunos niños desde los primeros años demuestran una mayor habilidad en el dibujo o las manualidades, otros poseen un gran dominio del lenguaje oral, en concreto una gran facilidad para expresarse mediante palabras enriquecidas. En cualquier caso, la capacidad de argumentación está al alcance de todos y se desarrolla con trabajo y esfuerzo, se trata de «una herramienta de gran utilidad para el desarrollo social y la conciencia cívica» (Miguel M. Reyes y Noelia M. Escalona, 2020).

Para aprender el arte de la retórica y la argumentación es importante escuchar. La escucha activa unida al interés por el tema en cuestión, junto a la emoción que puede provocarnos, propician argumentaciones y debates interesantes y disfrutados por todos los que participamos dentro de nuestro hogar. Mantener la calma y aprender a escuchar al otro son pilares muy interesantes a tener en cuenta para empatizar. En el día a día encontramos cantidad de noticias o situaciones que nos brindan la posibilidad de debatir o expresar opiniones.

La argumentación ayuda a la resolución de conflictos y promueve el respeto y el diálogo en el seno familiar. De hecho, está unida a la asertividad. La asertividad es un componente fundamental de las habilidades sociales y personales que puede definirse como una forma de comunicación, pero va más allá, la asertividad es una manera de ser, de actuar y un reflejo de una autoestima sana. Es la habilidad que nos permite expresar libremente nuestras ideas y opiniones, sin agredir a los demás y sin ser agredidos; es la capacidad de defender nuestros derechos, sentimientos y de saber decir NO, de poder decir lo que nos molesta, lo que nos gusta, sin agredir a la otra persona. La asertividad es fundamental para unas relaciones sociales justas y equilibradas.

¿CÓMO ENSEÑAR Y APRENDER A DEBATIR Y ARGUMENTAR?

— Con escucha activa y *feedback*. Para que nuestro hijo se sienta escuchado, nosotros podemos resumir lo que ha expresado y cuáles son sus argumentos después de su exposición.

— Con tranquilidad. Las discusiones bien argumentadas parten de la calma, si nuestro hijo está enfadado o nervioso no logrará expresarse con claridad ni exponer sus argumentos de manera correcta y secuenciada.

— Sin discutir por discutir. Antes de comenzar cualquier tipo de discusión es importante que nuestros hijos tengan presente cuál es el objetivo al que quieren llegar para que argumenten con razones sólidas; discutir por discutir resulta una pérdida de tiempo. Un argumento eficaz es aquel que quiere lograr la resolución del problema en todo momento.

— Con eficacia. Estando presentes la negociación y el compromiso final. Una discusión es eficaz si podemos llegar a alcanzar compromisos finales mediante negociaciones.

— Con práctica continua. Practicar el arte de la argumentación desde que son pequeños es muy importante. Debemos permitir que defiendan sus argumentos, aquellas ideas que, por muy ilógicas que nos parezcan, pueden ser de su agrado... Plantear debates en aquellos momentos donde toda la familia se reúne puede resultar muy enriquecedor.

— Con respeto. La noción de respeto se transmite a nuestros hijos/alumnos cuando desde nuestra perspectiva adulta somos capaces de admirarlos y quererlos. Nosotros somos los guías en su aprendizaje diario para que sean capaces de vivir de acuerdo con aquellos valores que son aceptados por nuestra sociedad, tales como diálogo, prudencia, responsabilidad, solidaridad, urbanidad, tolerancia... Empezaremos desde el principio enseñando al niño qué significan los límites y las normas, qué es lo apropiado y lo inapropiado, qué es lo que está bien y lo que no y qué pueden hacer y no hacer; de esta manera, se sentirán gratificados individual y socialmente, comenzando un desarrollo positivo de su autoestima. Nuestros hijos tendrán en cuenta que el respeto es importante y que siempre hay que escuchar al otro; tenemos que escuchar a las personas igual que queremos que nos escuchen a nosotros.

Un apunte

Debemos fomentar en nuestros niños un estilo asertivo de interacción. Es fundamental que tengan la fuerza para dar sus opiniones y defenderse, y que al mismo tiempo sean tolerantes para respetar a los demás. La asertividad va a permitir que consigan sus objetivos sin sentirse incómodos y sin hacer sentir incómodos a los demás. Sin dejarse manipular y sin manipular a los demás.

BLOQUE 2: EL COMPROMISO

La evolución sociocultural de las últimas décadas no deja espacio a un valor muy importante para el desarrollo de los niños: el compromiso. Comprometerse implica cumplir con cualquier actividad o tarea pactada con anterioridad y es esencial para el progreso tanto educativo como social. Los niños necesitan tener presentes una serie de objetivos que les conducirán a metas académicas con mayor motivación y desempeño. De hecho, según van creciendo en edad también van aumentando sus responsabilidades, y comprometerse con ellas requiere una adecuada gestión del tiempo. Un horario bien planificado teniendo en cuenta el estudio, el entrenamiento o la actividad extraescolar, el descanso y la diversión será una de las herramientas potenciales hacia el éxito; todos los valores y habilidades que se adquieren en las etapas escolares son retos para el día de mañana cuando empiecen su vida laboral.

En muchas ocasiones tendemos a «hacerles la vida más fácil» y dificultamos la resolución de sus propios problemas y su toma de decisiones... en definitiva, su autonomía. Además, la falta de resiliencia lleva a una baja tolerancia y a la frustración, alejada del compromiso y de la responsabilidad.

No solamente hablamos de compromiso con la tarea... El valor de una promesa ha perdido su sentido, ese halo de misterio acompañado de cariño hacia aquellas personas a quienes hemos dado nuestra palabra y nos han confiado su causa... Si los niños aprenden a comprometerse se asegurarán un futuro sincero rodeado de amistades o compañías con valores y metas similares.

En los siguientes capítulos encontrarás referencias relacionadas con la importancia de comprometerse, desde cuidar de una mascota hasta la necesidad de escuchar activamente para llegar a educar en autonomía, pilar fundamental de la responsabilidad individual. Te animo a disfrutar de su lectura.

CAPÍTULO 6
APRENDER A GESTIONAR LA FRUSTRACIÓN
(«Me comprometo con el aprendizaje a partir del error»)

«Tolerar la frustración significa ser capaz de afrontar los problemas y limitaciones que nos encontramos a lo largo de la vida, a pesar de las molestias o incomodidades que puedan causarnos. Por lo tanto, se trata de una actitud y, como tal, puede trabajarse y desarrollarse», explican desde el Hospital Sant Joan de Dèu.

¿CÓMO ACTÚAN LOS NIÑOS CON BAJA TOLERANCIA A LA FRUSTRACIÓN?

— Con impulsividad e impaciencia.
— Mostrándose poco flexibles ante nuevas situaciones.
— Con excesivas exigencias y demandas.
— Con dificultades en el manejo y en la gestión de las emociones.
— Buscando satisfacer sus necesidades de manera inmediata.
— Desarrollando rabietas y llanto de manera continuada.
— Desarrollando ansiedad.
— Pensando que «todo gira a su alrededor».
— Pensando que «todo es blanco o todo es negro».

Si nuestro hijo consigue siempre lo que quiere cuando lo pide (porque nos cuesta mucho verle llorar, porque estamos cansados de escucharlo...) y se lo damos para evitarle «sufrimiento», no favoreceremos la gestión de sus emociones y contribuiremos a posibles problemas de conducta futuros.

¿QUÉ HACEMOS DESDE CASA?

— Convertir la frustración en aprendizaje. Los problemas que puedan ir encontrando a medida que crecen se convierten en una gran oportunidad para que aprendan cosas nuevas.
— No complacer siempre sus deseos. Es importante que aprendan que en la vida nos podemos encontrar con el fracaso, no solamente con el éxito.
— Darles ejemplo sobre cómo afrontar los problemas.
— Permitir que actúen de manera autónoma.
— No ceder ante sus rabietas y enfados.
— No darles resolución para todas las dificultades que encuentren, es necesaria «la cultura del esfuerzo» y la perseverancia para resolver asuntos desde los primeros años.
— Ayudarles a entender lo que ocurre y de dónde proceden su tristeza o enfado.
— Ayudarles a diferenciar entre sus deseos y necesidades.
— Enseñarles técnicas de relajación.
— Enseñarles cuándo deben pedir ayuda. Primero es importante que encuentren una solución por sí mismos... Cuando este paso se complica, es conveniente que les demos alternativas para evitar que se frustren.

La frustración puede aparecer ante cualquier problema y entonces pueden sufrir esa amarga sensación de impotencia, rabia y tristeza por no conseguir aquello que desean. Es muy importante aprender a tolerar ese sentimiento que aparece cuando no se cumple una ilusión, un deseo...

LA «TÉCNICA DE LA TORTUGA» PARA FAVORECER EL AUTOCONTROL

La técnica de la «tortuga» fue diseñada por M. Schneider (1974) como un método muy eficaz para el autocontrol de la conducta impulsiva en el aula, revelándose muy útil en situaciones de descontrol por carga emocional. Resulta de mucha utilidad en niños preescolares y hasta los 7 años de edad. A partir de esta edad, la escenificación de la tortuga se utiliza como planteamiento lúdico de una técnica de relajación y autocontrol.

El procedimiento será el siguiente:

1. La historia de la tortuga que cada vez que se enfadaba se escondía en su caparazón.
2. Con la imagen mental que provoca el cuento, se invitará al niño a dramatizar la sensación de frustración de la tortuga, su rabia contenida e intento de introducirse en el caparazón. Cuando la tortuga se introduce en el caparazón para vencer los sentimientos de rabia y furia, el niño escenificará esta actitud pegando la barbilla al pecho, colocando los brazos a lo largo del cuerpo y presionando fuertemente barbilla, brazos y puños cerrados, mientras cuenta hasta diez. La distensión posterior provocará una relajación inmediata.
3. Esta sesión concluye invitando al niño realizar «la tortuga» en aquellos momentos en los que el enfado o la agresividad le desborde.
4. Para motivar la aplicación de esta técnica, se propone al

niño un refuerzo: una tortuguita de verdad. Si aplica la técnica de la tortuga obtendrá puntos para la tortuga de verdad.

5. Se dibujará una tortuga grande en cartulina. El caparazón de la tortuga estará cubierto de escamas-casillas, que serán los puntos a conseguir (se empezará poniendo un número reducido de casillas para completar los puntos necesarios para una primera tortuga; posteriormente puede continuarse la técnica, si procede, dibujando una segunda tortuga con más casillas).

6. El niño podrá tachar o colorear una de las escamas en dos ocasiones: 1) si ha conseguido hacer la tortuga en un momento difícil o 2) si ha recordado a otro niño que lo hiciera cuando ha visto que se iba a descontrolar.

7. Se reforzarán los avances en el cartel de la tortuga con algún elogio o premio.

«LA CAJA DE LA RABIA»

La caja de la rabia es una técnica diseñada por la psicóloga española Marina Martín. Está basada en el cuento infantil *Vaya Rabieta*, de la escritora francesa Mireille d´Allancé.

La historia trata sobre Roberto, un niño que tiene un mal día ya que recibe varias regañinas, por lo que termina frustrándose y expresa su enfado con una gran rabieta. En el cuento, la rabieta se ilustra como un gran monstruo que sale del niño y que controla todos sus actos, destruyendo todo lo que encuentra a su paso. Sin embargo, cuando Roberto se percata del daño que está provocando, decide arreglar todo lo que destruyó. Así, a medida que va arreglando las cosas, el monstruo se va haciendo cada vez más pequeño hasta que es tan pequeñito que Roberto lo encierra dentro de una caja para no dejarlo salir nunca más.

La caja de la rabia es una técnica muy sencilla de aplicar. Cada vez que el niño tiene una rabieta o se siente frustrado debe plasmar su enfado en un dibujo. Al terminar el dibujo, es probable que su enfado también haya pasado. Entonces el niño debe contemplar lo que ha dibujado para concienciar las emociones que ha plasmado en el papel, en este momento se le puede pedir que le haga «manos» y «pies» a su dibujo para que personalice a su monstruo de la rabia, lo cual hará que la técnica sea aún más divertida. A continuación debe arrugar el papel, y con él al personaje, y depositarlo en una caja con tapa para que su monstruo de la rabia no vuelva a salir.

Lo más importante de esta técnica es que el niño identifique y ponga nombre a sus emociones. Esta estrategia le ayudará a redirigir su enfado hacia emociones más positivas, a la vez que le enseñará a controlar sus arranques de ira o agresividad.

Un apunte

La etapa infantil se caracteriza por el egocentrismo, los niños piensan que todo el mundo gira a su alrededor y pueden conseguir al momento lo que piden. No tienen desarrollado el concepto del tiempo ni la capacidad de pensar en necesidades de los demás; es entonces cuando hay que empezar a enseñar a los niños a tolerar la frustración. Si les damos todo lo que piden no aprenderán a tolerar el malestar que provoca la frustración y a hacer frente a situaciones adversas. Si intentamos complacer siempre y evitar que se sientan frustrados ante cualquier situación, no favoreceremos su desarrollo pleno e integral como personas.

CAPÍTULO 7
LA ESCUCHA ACTIVA, PRÁCTICA CLAVE PARA MEJORAR LA COMUNICACIÓN («Me comprometo empáticamente y sé qué me quiere decir»)

La escucha activa es una actitud de escucha en la que prestamos atención a lo que nos dice el otro y en la que el otro percibe esta atención por nuestra parte. A través de la escucha activa llegamos a captar todo el mensaje de nuestro interlocutor, incluidos sus sentimientos, ideas o pensamientos, nos centramos en lo que el otro siente, expresa..., le escuchamos con el interés de comprenderle. EN LA EDUCACIÓN DE LOS HIJOS ES FUNDAMENTAL FOMENTAR LA ESCUCHA ACTIVA.

En las primeras etapas de la infancia encontramos padres que practican la escucha activa y desarrollan buenos patrones de comunicación. De esta manera, sus hijos se sienten valorados y comprendidos en todo momento. A medida que los niños crecen y llegan a la etapa adolescente tenderán a comunicar sus sentimientos de forma más abierta, pues estarán familiarizados con la escucha activa y empática que han practicado con sus padres durante toda la infancia.

La ESCUCHA ACTIVA es esencial para mantener una comunicación con nuestros hijos sin sesgos, una comunicación abierta y de calidad entre padres e hijos. La escucha activa es efectiva, significa escuchar y entender la comunicación desde el punto de vista de quien nos habla. Escuchar activamente a una persona es tratar de comprenderla sin juzgarla, es mostrarle de algún modo que hemos captado bien sus sentimientos. Implica comprender y dar sentido a lo que nos están diciendo.

¿CÓMO FACILITAR LA ESCUCHA ACTIVA?

— Adoptar una adecuada disposición. Es importante prepararnos para escuchar a nuestro interlocutor, identificar el contenido de su mensaje, aquello que nos está transmitiendo mediante gestos además de sus palabras, ser capaz de conectar con sus sentimientos...

— Expresar a la otra persona nuestra actitud de escucha mediante palabras o gestos, por ejemplo, asentir con la cabeza, sonreír...

— Establecer contacto visual prestando atención a sus miradas o gestos, mirar a los ojos cuando nos hablan.

— Comentar y afirmar para que la otra persona se dé cuenta de que la escuchamos.

— Mostrar empatía escuchando activamente sus emociones y poniéndonos en su lugar. Es importante aceptar su deseo sin cambiarlo.

— Parafrasear. Permite verificar si estamos comprendiendo el mensaje, pues decimos con las propias palabras aquello que el otro termina de decirnos.

— Resumir informando al otro de nuestro grado de comprensión del mensaje. Se pueden emplear expresiones como: «lo que me estás diciendo es...», «a ver si te he entendido bien...».

— Utilizar preferentemente las preguntas abiertas. Preguntar a la persona para conseguir una respuesta que contenga cierto desarrollo. Por ejemplo: «¿Qué es lo que quieres decir con...?».

¿QUÉ DEBEMOS EVITAR EN UNA ESCUCHA ACTIVA?

— Las distracciones. La atención suele mostrarse variable, al comienzo de la escucha mantenemos la atención en un punto alto, después poco a poco disminuye a medida que el mensaje continúa, y al final del mensaje vuelve a ascender el nivel de atención.

— Las interrupciones y las contrargumentaciones. No se trata de contar nuestra opinión ni nuestra historia, es nuestro interlocutor, en este caso nuestro hijo, quien necesita hablarnos, no podemos interrumpirlo continuamente.

— Los juicios de valor. Los juicios son responsables de la ausencia o ruptura de comunicación entre padres e hijos.

— El rechazo o la infravaloración de los sentimientos del otro diciendo, por ejemplo, «no te preocupes, eso no es nada»...

— El «síndrome del experto» Ya tenemos clara la solución al problema antes de que el niño nos lo haya contado...

La escucha activa con tus hijos/alumnos es posible y es una habilidad que debemos poner en práctica como padres. Os dejamos unos sencillos consejos para conseguirlo.

— Presta a tu hijo toda tu atención. El móvil o cualquier dispositivo están fuera de lugar en este momento porque estamos practicando la atención plena.

— Aproxímate a tu hijo cuando está hablando, ponte a su altura y mírale a los ojos mientras le coges de la mano o le tocas el hombro.

— Muestra empatía con pequeños comentarios.

— No interrumpas su discurso, asiente con la cabeza y repite lo que dice para asegurarte de que estás entendiendo lo que te está explicando.

— Céntrate en lo que está diciendo tu hijo en lugar de pensar en tu propio discurso.

— Toma conciencia de tu lenguaje corporal, es importante para la apertura en la comunicación.

Un apunte

La escucha activa es esencial para construir relaciones fuertes como base de una buena comunicación fortaleciendo el vínculo emocional con los hijos, es una manera saludable de buscar concordia entre los diversos puntos de vista de todos los miembros familiares y aclarar los pensamientos.

CAPÍTULO·8
LOS NIÑOS INDEPENDIENTES
¿SON ALUMNOS AUTÓNOMOS?
(«Me comprometo con mi autocuidado
y la seguridad en mí mismo»)

La educación hacia la independencia comienza con la realización de pequeñas actividades diarias, tanto en casa como en el colegio.

Sobreproteger, querer «hacer la vida más fácil», puede desembocar en que el niño muestre un comportamiento dependiente, introvertido, sin fuerza de voluntad, con alto grado de tiranía, donde busca la obtención de ayuda inmediata que le conduce a exigir en cada momento la satisfacción de sus demandas. Los niños no son autónomos porque determinadas cosas se las hacemos nosotros padres, «nos salen mejor» (desconfianza) y «tardamos menos tiempo» (impaciencia). ¿Cuál es el resultado futuro? una personalidad débil e insegura, el desarrollo de ansiedad o de angustia de separación, y «el miedo a crecer».

En ocasiones somos los propios padres los que no dejamos actuar a nuestros hijos, nos anticipamos a sus movimientos, no permitimos que desarrollen la iniciativa necesaria. De alguna manera sobreprotegemos para evitar que se hagan daño dado que, en nuestro interior, no terminamos de confiar en la capacidad de los niños para sortear las dificultades que vayan surgiendo en su camino. En este contexto renuncia a las propias responsabilidades, necesita la continua ayuda y aprobación para actuar, no realiza esfuerzo, se muestra inseguro... en muchos casos los adultos fomentamos las conductas más infantiles de lo que corresponde a la edad.

Cada niño tiene su propio ritmo evolutivo y no conviene agobiarse demasiado cuando se observa que no tiene la misma soltura que otros para realizar algunas tareas. Posiblemente no sea tan rápido a la hora de comer como puede serlo su mejor amigo, pero es probable que sea capaz de expresarse mejor o percatarse antes de que no lleva bien atados los zapatos. La mejor forma de ayudarles es conocer las verdaderas capacidades y fortalezas de nuestros niños, darles la oportunidad de hacer las cosas de la manera que ellos pueden y saben; quizá que se equivoquen al principio, pero el error, siempre que de él aprendan algo, les servirá para mejorar día a día. Debemos escucharles cuando dicen que quieren hacer algo solos, que ya saben hacerlo porque son mayores, y fomentar esa buena disposición para avanzar en su autonomía, que en definitiva favorecerá sobremanera su propia autoestima.

La realidad es que los niños aprenden realmente a ser autónomos en las pequeñas actividades diarias de casa o del colegio, y muy pronto quieren demostrar que «son mayores»; algunas habilidades como abrocharse y desabrocharse el abrigo, comer solos, recoger los juguetes y materiales, poner la mesa... les ayudarán a sentirse importantes decidiéndose a hacerlo solos y fomentarán una autoestima positiva desde el principio, con la posibilidad de participar activamente en su entorno.

¿CÓMO ACTUAR EN LOS DIFERENTES CONTEXTOS?

Existen diversas áreas que pueden y deben trabajarse para que los niños vayan adquiriendo determinados hábitos que les ayuden a ser cada vez más autónomos y menos dependientes de los mayores. En el campo de la comunicación, donde el niño tiene que desenvolverse con soltura para poder transmitir lo que quiere, debemos darles el mayor número de herramientas posibles, y eso se consigue hablando mucho con ellos y no anticipándose a sus verbalizaciones, sino dejándoles hablar y dar forma a sus propias ideas, ayudándoles después a concretar mejor.

En el aspecto social es bueno hacerle entender que los demás son importantes y que tienen sus propios sentimientos y deseos, que hay que tratarles con respeto y que es necesario compartir y controlar los propios impulsos para una convivencia pacífica y enriquecedora en la que vivir en comunidad de una forma educada (utilizando «palabras mágicas» como «por favor» o gracias») abre muchas puertas y facilita la vida en común.

En el campo académico deben llevarse a cabo de una forma progresiva aquellos aprendizajes que les servirán para la vida a la vez que van adaptándose al cumplimiento de ciertos horarios y normas que complementan a las del propio hogar. Al igual que ayudan en casa a hacer la comida o a colocar su ropa o sus juguetes, se hacen responsables preparando su cartera para el día siguiente, con el material necesario y con los deberes hechos si por su edad ya corresponde.

También es importante destacar la importancia de los aprendizajes relacionados con la propia salud, con pautas para su higiene, comida, vestuario, horarios de sueño y por supuesto con la autoprotección frente a aquellos estímulos del entorno que pueden serles perjudiciales (alimentación inadecuada, programas de televisión o juegos no recomendables, compañías agresivas dentro o fuera del colegio...). A los adultos nos compete la necesidad de establecer los principios de una vida ordenada, con ritmos y pautas claras, que el niño irá incorporando de una forma progresiva desde el hogar y prolongando en la escuela.

¿CÓMO DESARROLLAR LA AUTONOMÍA?

— Mostrar flexibilidad: el niño actúa según su criterio en cada etapa de su proceso de aprendizaje, y va adaptando sus metas cuando surgen contingencias no esperadas, lo cual no debe implicar una variación sustancial de sus objetivos, que deben ser lo suficientemente estables para soportar pequeñas modificaciones.

— Fijar objetivos comprensibles, medibles y alcanzables, valorando los recursos disponibles y fijando prioridades de manera que el niño valora y categoriza sus propias metas.

Un apunte

El elemento básico a tener en cuenta en el marco del «desarrollo de la autonomía» es la propia intervención del niño en la dirección de su proyecto de vida. Es decir, desde la educación infantil los mismos niños son parte activa de su propio proceso formativo, deben asumir ciertas responsabilidades en su día a día que contribuyan a hacerles personas que no son exclusivamente resultado de un diseño educativo determinado, sino que colaboran en todo momento para superarse a sí mismas dentro de un entorno participativo en el colegio y en el hogar que les ayuda a superarse y, en definitiva, a crecer.

CAPÍTULO 9
LA RESPONSABILIDAD EN LAS PRIMERAS ETAPAS DE DESARROLLO, UN VALOR A TENER EN CUENTA.
(«Me comprometo con mis propias actuaciones»)

Responsabilidad es dar cumplimiento a las obligaciones y ser cuidadoso al tomar decisiones o al realizar algo. La responsabilidad es también el hecho de ser responsable de alguien o de algo (significados).

La responsabilidad es la capacidad de responder con acciones adecuadas a las situaciones que se nos presentan en la vida. Cuando nosotros educamos, intentamos que nuestros alumnos, o nuestros hijos, comiencen a comprender la necesidad de un equilibrio entre derechos y deberes, entre libertad y responsabilidad.

¿QUÉ OBJETIVOS PODEMOS PROPONERNOS PARA TRABAJAR CON LA «RESPONSABILIDAD»?

— Conocer qué significa «ser responsable».

— Descubrir que podemos actuar «con responsabilidad».

—Entender que nuestras responsabilidades sirven de ayuda y constituyen una forma de ser solidarios con los demás.

— Conocer las consecuencias que determinadas acciones nuestras (responsables o irresponsables) tienen sobre los demás.

— Reconocer que el buen funcionamiento del trabajo en equipo depende de que cada uno asuma su responsabilidad.

ACTIVIDADES PARA DESARROLLAR LA RESPONSABILIDAD DESDE LOS PRIMEROS AÑOS EN EL COLEGIO

Efecto dominó

El niño tratará de descubrir que sus propias acciones influyen sobre el resto de los compañeros.

En la clase de psicomotricidad, la profesora pedirá a los niños que hagan una fila con las manos en la cintura del compañero que tienen delante de ellos. Después, irá diciendo desplazamientos que tienen que hacer sin separarse del resto de sus compañeros. Como ejemplos podemos citar:

— Caminar a la pata coja.

— Dar media vuelta y cambiar el sentido de la marcha cuando suene una palmada.

— Dar dos saltos hacia atrás y uno hacia delante...

Después del ejercicio la profesora reflexionará con el grupo preguntando:

— ¿Es difícil hacer estos ejercicios en fila?

— ¿Qué pasa cuando os movéis con el niño de delante y de detrás de vosotros?

— ¿Os ha gustado hacer juntos el ejercicio o preferís hacerlo solos?...

— Me voy de excursión.

El niño será capaz de preparar todo lo que necesita para realizar sus actividades.

La profesora pedirá a los niños que se sienten en círculo para imaginar que se van de excursión y van a preparar su mochila. Primero comienza uno de los alumnos diciendo: «Yo meto unas botas fuertes para andar por la montaña», el niño que está sentado a su lado repite y añade algo nuevo: «Yo meto unas botas fuertes y una cantimplora para beber agua»..., y así hasta terminar todos.

Si alguno falla o repite, podemos ayudar entre todos.

Al final la profesora, recopilando toda la información, realizará una reflexión sobre la responsabilidad de cada niño en una salida al campo teniendo en cuenta otros factores (cuánto tiempo durará, qué vamos a hacer allí...).

CÓMO ORGANIZAR EL AULA. LAS RESPONSABILIDADES DENTRO DE LA CLASE

Crear una serie de carteles ilustrativos con las siguientes responsabilidades de clase:

— Mensajero: el dibujo sería un cartero con un sobre. El niño mensajero lleva los recados de una clase a otra o a cualquier lugar del centro escolar.

— Ayudante de la profesora: el dibujo sería la profesora de la mano de un niño. El ayudante apoya a la profesora para cualquiera de sus labores dentro de la clase.

— Cuidado de la mascota: el dibujo sería un niño que tiene en sus manos un acuario. El niño se ocupa de la limpieza y cuidados de la mascota de la clase.

— Climatología: el dibujo sería un mural móvil con un sol, nubes, lluvia, nieve... (los fenómenos atmosféricos). El niño se ocuparía de colocar en el lugar central del mural el tiempo que hace cada día.

— Biblioteca: el dibujo sería una estantería con libros, que es la biblioteca del aula, y a su lado unos niños sentados en una alfombra leyendo. El niño responsable cuida la biblioteca y se asegura de que los libros estén ordenados.

— Limpieza de suelo: el dibujo sería de un niño y una niña con una escoba y un recogedor barriendo y tirando la basura a la papelera. El niño responsable se preocupa de que el suelo de la clase esté siempre limpio.

— Limpieza de mesas: el dibujo sería el de un niño con una gamuza limpiando una mesa. El niño responsable se ocupa de que las mesas estén limpias, especialmente después de haber realizado alguna manualidad.

— Orden general de la clase: el dibujo sería de dos niños ordenando las mesas y el material de clase dentro de sus cajas. Los niños responsables se ocupan de tener la clase ordenada (las pinturas en sus bandejas, el material en sus cajas correspondientes...).

— Percheros: el dibujo sería un niño colgando los abrigos en los percheros. El niño responsable se ocupa de que los abrigos estén colocados en las perchas y no estén en el suelo caídos.

Las metodologías activas también permiten asumir responsabilidades muy interesantes, por ejemplo:

EL APRENDIZAJE COOPERATIVO es un tipo de metodología activa que favorece la interacción, por lo que se podría catalogar dentro de aquellas relacionadas con la estructuración del aula. Concretamente Zariquey (2016) define el colaborativo como «un conjunto de procedimientos o técnicas de enseñanza dentro del aula, que parten de la organización de la clase en pequeños grupos heterogéneos, donde los alumnos trabajan conjuntamente de forma coordinada para resolver tareas académicas y profundizar en su propio aprendizaje».

OBJETIVOS

— Distribuir adecuadamente el éxito para proporcionarle el nivel motivacional necesario para activar el aprendizaje.
— Favorecer el establecimiento de relaciones de amistad, aceptación y cooperación necesarias para superar prejuicios y desarrollar la tolerancia.
— Favorecer una actitud más activa ante el aprendizaje. Incrementar el sentido de la responsabilidad.
— Desarrollar la capacidad de cooperación. Desarrollar las capacidades de comunicación. Desarrollar las competencias intelectuales.
— Favorecer el proceso de crecimiento del alumno y del profesor.

ROLES DEL APRENDIZAJE COOPERATIVO

— Supervisor/a: supervisa que todos los compañeros anoten las tareas en la agenda y no se dejen ningún material olvidado.
— Repartidor/a: reparte el material y se ocupa de guardarlo cuando se termina la actividad.
— Moderador/a: se ocupa del nivel de ruido y del orden.
— Portavoz: comunica las decisiones y respuestas del equipo.

BENEFICIOS

— Interdependencia positiva
— Interacciones cara a cara de apoyo mutuo
— Responsabilidad personal individual
— Destrezas interpersonales y habilidades sociales
— Autoevaluación frecuente del funcionamiento del grupo.

Un apunte

Dar al niño ciertas responsabilidades (repartir material, regar las plantas de clase, cuidar la mascota...) es ayudarle a entender que existen acciones y consecuencias que dependen de él, deberá realizar estos encargos con seriedad y hacerlos lo mejor posible... Cuando una persona es responsable tiene que responder de algo ante alguien, se ha comprometido. En estas edades, los niños ya pueden conocer qué significa la palabra compromiso.

CAPÍTULO 10
LAS MASCOTAS Y EL NIVEL DE COMPROMISO
(«Me comprometo con el nuevo miembro de mi familia»)

En la sociedad actual los animales de compañía pueden convertirse en afectuosos amigos con quienes jugar y con quienes compartir «secretos». Poco a poco los niños irán descubriendo que su mascota no es un juguete, sino un ser vivo con quien se relacionan de manera lúdica y tienen oportunidad de interactuar, jugar y conectar. Es muy importante tener en cuenta que el animal debe tener un lugar habitual donde pueda comer, dormir o simplemente descansar y aislarse un poco de las personas que le rodean, lo cual es conveniente para todas las partes; no es recomendable, tanto por cuestiones de higiene como de propia educación, que los animales duerman en la cama con los niños; de hecho es necesario establecer ciertos límites que el animal necesita en su relación con el ser humano, debe saber cuál es su lugar y que no puede morder ni lamer a los niños como si se tratasen de un juguete. Cuando los niños juegan son capaces de adoptar roles diferentes según el animal con quien se identifiquen; de esta manera los mismos peluches les encantan porque son los compañeros a quienes cuentan sus problemas, incluso se han convertido en mediadores entre el niño y el terapeuta destacando su utilidad como ayuda psicológica.

Las mascotas constituyen una de las mayores fuentes de bienestar psicológico y social para los niños, además de desarrollar el sentido de la responsabilidad y adquirir mayor competencia social. Tener una mascota ayuda a los niños a comunicarse mejor, a expresar sus emociones convirtiéndose en la mejor aliada para padres y educadores.

«Se ha comprobado que los perros nos quieren, desean ser nuestros amigos, son capaces de entender situaciones complejas y de solucionar difíciles problemas...» (Carlos A. López García, 2014).

LAS MASCOTAS

POSIBLE MASCOTA	¿POR QUÉ «SÍ»?	TENER EN CUENTA QUE
¿UN PERRO?	— Gran compañero de juegos — Adecuado para colaborar en el desarrollo de la responsabilidad de los niños. — Fiel	— Necesita cuidados de higiene, vacunas, paseos, alimento adecuado, hoteles que los permitan para las vacaciones o residencias caninas.
¿UN GATO?	— No necesita muchas atenciones gracias a su independencia. — Se adapta a espacios reducidos.	— Mucha limpieza en el espacio que utiliza para hacer sus necesidades. — Seguimiento del calendario de vacunas y cuidados para evitar la transmisión de parásitos...

¿UN PEZ?	— Necesita poco espacio pero su cuidado exige dedicación; son delicados por lo general. — Mascotas relajantes. — Sus acuarios e incluso ellos mismos aportan un toque estético al entorno en el que se encuentran.	— Necesitan accesorios con cierto coste. — No juegan con los niños. — Necesitan contar con una vigilancia especial de sus condiciones ambientales (temperatura del agua, comida y compuestos especiales...).
¿UN HÁMSTER?	— Menor coste de mantenimiento y facilidad de transporte. — Son bastante resistentes, aunque viven menos tiempo.	— Pueden transmitir ciertas enfermedades. — Interacción menor con los niños en relación con otras mascotas.
¿UNA TORTUGA?	— Ventajas parecidas al hámster.	— Necesitan mucha limpieza para no transmitir enfermedades. — No juegan con los niños.

El perro siempre se ha considerado la mascota óptima para el niño, la convivencia con un felino también es interesante durante la infancia, ya que el pequeño puede encargarse de vigilar que no le falte, sobre todo, comida ni bebida. El abanico de opciones cuando se desea adquirir una mascota es muy amplio: desde el gato, al conejillo de Indias, hámster, ratones, conejos, pájaros, peces...

La edad de los niños es determinante en relación con la forma en que tratan a sus mascotas. Hasta que no llegan a los cuatro años aproximadamente, edad en la que ya son más proclives a las caricias realizadas con cariño y suavidad, tienden a tirarles del pelo, de la orejas o de la cola, y en esos momentos es en los que apreciamos la gran paciencia que pueden tener los animales con los pequeños «cachorros» de ser humano; esta paciencia, tal y como hemos comentado, suele verse recompensada según van creciendo los niños, de tal modo que a partir de los cinco o seis años, la preocupación de los niños por las propias necesidades del animal es patente.

ASPECTOS A TENER EN CUENTA PARA LA CONVIVENCIA

Importancia de la higiene	Lavar bien las manos después de haber jugado con el animal y alimentarlo siempre en sus recipientes. Cuidado con la arena que utilizan las mascotas para hacer sus necesidades, el niño no debe jugar con ella.
Necesidad de tiempo	Los animales requieren paciencia y dedicación. Si decidimos comprar una mascota, nos inclinaremos por las que menos tiempo exijan: un pez, un pájaro, un gato... Estos animales se adaptan a vivir en casa y no necesitan salir a la calle todos los días.
Economía	Conocer los gastos que ocasionará el animal: alimentación, vacunas, higiene de su hábitat...

Espacio dentro del hogar	La mascota necesita un espacio amplio para poder desarrollarse. Debemos tener en cuenta las necesidades de cada animal y decidirnos por el que pueda vivir mejor dentro de los límites de nuestros hogares.
Estilo de vida	Valorar nuestras rutinas, responsabilidades y aficiones; cuidado si somos familias viajeras o muy amantes del orden en el hogar. Lo ideal es que el animal se integre en nuestro propio esquema de vida, respetando su propia naturaleza.

Una mascota no es un juguete, sino un ser vivo que merece respeto, cuidados y atención. Los bebés y los niños muy pequeños pueden no interpretarlo así y manipular a los animales como si fueran muñecos. Quizá no entiendan la responsabilidad que entraña, por lo que al principio serán los padres quienes asuman el cuidado de la mascota.

Existen ciertas normas de sentido común necesarias en los hogares con mascotas. Educar al perro con refuerzo positivo de manera que comprenda la jerarquía familiar y no humanizarlo demasiado, aprender a interpretar su lenguaje corporal y sus necesidades, aplicar órdenes coherentes y amonestarlo con inmediatez cuando haya cometido algún error, para que lo entienda. También es interesante premiar con golosinas caninas sus actuaciones adecuadas si queremos adiestrarlo poco a poco.

La convivencia de un niño con un perro puede ser una gran fuente de bienestar, que eleve su autoestima, les motive y les ayude en su socialización. Una mascota implica una serie de responsabilidades para las que los más pequeños no están aún preparados (cepillado diario, paseo...); ellos colaborarán cambiando la comida, el agua o bien acompañándonos cuando sea la hora de sacarlos, pero siempre estarán bajo nuestra vigilancia hasta que vayan creciendo.

Un apunte

Cuando los pequeños nos prometen que se ocuparán del animal, lo que nos quieren decir es que lo amarán, que lo querrán mucho. Podemos establecer con ellos pequeñas rutinas para que no olviden sus obligaciones, por ejemplo, cambiar el agua y poner comida al animal todos los días a la misma hora; así, el hecho de que nos ayude a cuidar a la mascota le proporcionará confianza en sí mismo y entenderá lo que significa «tener responsabilidades».

Si los niños aprenden a cuidar de un animal y a tratarlo con cariño, actuarán de igual manera con las personas. También desarrollarán con más intensidad la comunicación no verbal, la autoestima y la confianza; acariciar al animal con afecto y respeto produce sensación de bienestar, además de ayudar a superar posibles miedos. Por lo tanto, los beneficios derivados de la presencia de un animal doméstico en casa sobre el desarrollo afectivo del niño son claros.

BLOQUE 3: EL ESFUERZO

Educar en la cultura del esfuerzo implica constancia y dedicación por parte nuestra. El problema en el día a día es la falta de tiempo y la necesidad de compensarlo con calidad. No obstante, a veces nos escuchamos diciendo «Aparta, que termino yo antes»...

Los niños tienen sus propios ritmos para aprender y desarrollar lo aprendido. Una fuerte presión para alterar ese ritmo solamente llevará a que el desarrollo de ciertas habilidades e incluso su aprendizaje se vean mermados considerablemente; los niños estarán más nerviosos y absorberán como esponjas los estados de ánimo y los agobios de sus padres, quienes constituyen para ellos el primer ejemplo a seguir. Si por «querer correr más» los padres les atan los cordones de los zapatos, les lavan las manos, les dan la comida en la boca... los niños serán cada vez menos autónomos y más dependientes, en contra por tanto de la evolución natural del proceso de aprendizaje. Nuestros hijos no pueden llevar el ritmo de un adulto. Se encuentran en etapas de preparación, de formación y aprendizaje. No debemos olvidar esto para minimizar el efecto negativo de las prisas que, si bien son difíciles de eliminar, sí es posible controlarlas para que sean estimulantes y no bloqueadoras.

Cuando tengamos prisas podemos involucrar a nuestros hijos en la búsqueda de soluciones:

— «Mírame a los ojos y escucha con atención, por favor. Hoy solo hay tiempo de ir al parque, no podremos jugar en casa. ¿O prefieres hacerlo al revés?».
— «Hoy tenemos poco tiempo. Si quieres que te cuente el cuento es necesario que no tardes mucho al bañarte. ¿Lo has entendido?».

Os dejamos algunas pautas adicionales que pueden servirnos de ayuda para promover el esfuerzo en los niños:

— Enseñarles por medio de nuestro ejemplo.
— Fomentar su autoestima y sus capacidades para que adquieran seguridad en sí mismos.
— Darles responsabilidades adecuadas para su edad.
— Enseñarles a ser disciplinados y fomentar hábitos.
— Terminar cada tarea que empiecen de la mejor manera que puedan.
— Dialogar con ellos explicándoles la finalidad de hacer las cosas.
— Realizar pequeñas tareas que supongan alcanzar retos.
— Afrontar los fracasos de forma positiva aprendiendo de los errores.
— Motivar positivamente a través del reconocimiento de sus esfuerzos.
— Ayudarles a marcar metas realistas.

En los siguientes capítulos encontrarás referencias condicionadas a la cultura del esfuerzo, tan necesaria en nuestros días, desde el ahorro hasta la resiliencia en las familias. Te animo a disfrutar de su lectura.

CAPÍTULO 11
LA IMPORTANCIA DEL AHORRO
(«Me esfuerzo para conseguir lo que quiero»)

El momento para comenzar a hablar sobre el dinero con los niños es en torno a los 5 o 6 años, cuando se van dando cuenta de que el dinero tiene una utilidad. Una forma habitual de mostrarles que si ahorran pueden conseguir lo que desean es darles ocasionalmente alguna pequeña moneda de céntimos para que la guarden (procedente de las vueltas de las compras en comercios o restaurantes...) con el fin de que entiendan, finalmente, que cuando acumulen unas cuantas se pueden comprar algo. «Vivimos en la era de la velocidad. El mundo se mueve con más rapidez que nunca. Nos esforzamos por hacer las cosas más deprisa para ser más eficientes, pero pagamos un precio muy alto por someternos a un ritmo de vida vertiginoso y descontrolado...» (Carl Honoré, 2017). Las monedas se contarán despacito y ellos mismos decidirán en qué se pueden emplear, sin prisa... dejando la puerta abierta a que si esperan un poco más, si ahorran un poco más, podrán obtener algo mejor.

«Si utilizamos un recurso como puede ser el dinero para un fin determinado, como por ejemplo comprar un automóvil, ¡no lo podemos utilizar para adquirir otra cosa! A eso se le llama costo de oportunidad» (María Jesús Soto, 2017).

¿QUÉ QUIERE DECIR «CONVERTIRNOS EN AHORRADORES»?

— Enseñar a valorar el dinero a largo plazo (hucha, paga periódica...).
— Tomar conciencia de que el dinero se termina y no es ilimitado.
— Darse cuenta del valor y el precio de las cosas.
— Ser capaces de dar valor a lo que tienen y los límites de los gastos.
— Aprender el significado del dinero y la responsabilidad de manejarlo mediante actividades cotidianas.
— Conocer el valor de cada cosa, no solamente de juguetes, sino también de las cuentas del consumo de luz, agua, gas, alimentación...
— Enseñarles a diferenciar un capricho de una necesidad real.

DOS MANERAS DE COMENZAR A AHORRAR

La Hucha

Mucho antes de que existieran las cuentas de ahorro en los bancos, y con la idea de guardar monedas para utilizarlas posteriormente, los niños y los no tan niños han utilizado una vasija cerrada, tradicionalmente de barro, con una sola hendidura en la parte superior por donde se echan monedas; estamos refiriéndonos a la hucha o alcancía, que generalmente tiene forma de cerdito y que sigue siendo la imagen del ahorro para los niños.

Estas huchas o alcancías pueden ser hoy en día de diferentes materiales (metal, plástico, porcelana...) y tener formas muy diversas (casitas, simples botes, animales), e incluso hay algunas con un simpático mecanismo que introduce la moneda en su fondo simulando de forma graciosa, por ejemplo, que un hipopótamo se come la moneda o que un trenecito se la lleva al fondo de un túnel. En estos casos no suele ser necesario romperlas para sacar el dinero ahorrado, incluso las más sencillas huchas de plástico y otros materiales hoy en día incorporan una ruedita o casquillo que se puede quitar para extraer las monedas. Sin embargo la idea que subyace es la misma, esto es, el concepto de ahorro para un disfrute o inversión o gasto futuro; existen curiosísimas colecciones de huchas que reflejan la gran imaginación que desarrollan algunas personas y que ayuda a hacer más atractiva la idea del ahorro.

Una curiosidad: «La hucha clásica del cerdito». El motivo de esta costumbre es que el cerdo es un símbolo de abundancia y prosperidad, debido a que se puede aprovechar en su totalidad. Hace bastante tiempo las familias más pobres de Europa reservaban un cerdo para venderlo si padecían necesidad. Este hecho equivalía a «ahorrar»; de ahí que las primeras huchas cobrasen la forma de este animal como símbolo de ahorro.

La Paga

Dar una pequeña paga a los niños puede ser una herramienta útil para el aprendizaje de manejar el dinero, la cantidad deberá ser determinada de acuerdo a los gastos que los padres estimen que tendrá el niño. La paga podrá darse vinculándola a alguna tarea especial que realice en el hogar y/o como un regalo; debe tenerse en cuenta que hay tareas dentro del hogar que están sujetas a su responsabilidad como miembro de la familia.

La paga puede orientarse de diversas formas. Una parte para su caprichos, otra para las aportaciones en las que el niño participe (un regalito para la abuela o para el primo cuando llegue su cumpleaños), y la última parte para ahorrar y conseguir aquel juguete que tanto desea. Pueden utilizar sobrecitos para repartirla.

En muchas ocasiones los amigos del niño ejercerán presión para que él sienta deseos de tener determinados juguetes, a veces los padres podrán comprárselos, otras veces no. La escasez de dinero, el hecho de ser un juguete poco recomendable, la necesidad de marcar límites... sea cual sea la razón, siempre el niño debe conocer los motivos reales de la negación de su compra. En caso de tratarse de falta de dinero es conveniente que sepa que se necesita ese dinero para otras cosas (para comprar comida, pagar los recibos...). No obstante puede satisfacer su deseo con esfuerzo y responsabilidad, los papás le sugerirán ahorrar, le darán oportunidad de hacer tareas sencillas extras para incrementar sus ahorros, le prestarán una parte del dinero...

APUNTES PARA APRENDER A AHORRAR

— Explicarles que tanto el agua como la luz cuestan dinero, y que no gastando más de lo necesario, se ahorra para tener dinero para otras cosas. Ahorrar no consiste solo en agrupar monedas, sino también en gastar menos. Incidiremos en la necesidad de cerrar el grifo cuando nos lavamos los dientes (para ahorrar agua) o de cerrar el interruptor de la luz cuando salimos de la habitación (para ahorrar en la factura de la luz).

— Contarles que tienen abierta una libreta de ahorro en la que cada mes se ingresa una pequeña cantidad para que cuando sean mayores puedan hacer un curso en el extranjero, por ejemplo.

— Enseñarles un extracto de cuenta donde aparezca algún gasto realizado con ellos y explicarles que aquello que se pagó con la tarjeta (que parece algo gratis) ahora aparece apuntado en el papel del banco y es un dinero que ya no está. Puede referirse a un pago hecho en alguna juguetería, en el parque de atracciones o por una comida en un restaurante..., algo que recuerden fácilmente.

¿QUÉ ACTIVIDADES PODEMOS PLANTEAR PARA FOMENTAR EL AHORRO?

— Juegos de mesa, como el Monopoly o el Trivial.
— Dialogar con los niños sobre la diferencia entre el valor (lo importante que es el objeto, para lo que sirve) y el precio (monedas que hay que pagar), entre la necesidad (carencia) y el gasto (existencia de gastos útiles e inútiles).
— Comentar con los niños que todo se consigue con esfuerzo y responsabilidad: hacer la cama, guardar la ropa, recoger los juguetes, hacer los trabajos del colegio... son tareas responsables que irán asumiendo a medida que crecen. Pero si en casa realizan alguna tarea extra: bajar la basura, ayudar a guardar la compra del supermercado, pasar la aspiradora en el interior del coche, o tender la ropa, quizá reciban una pequeña cantidad de dinero para ahorrarla en su hucha.

JUEGOS PARA SALIR DE COMPRAS CON LOS NIÑOS[1]

¡Nos vamos al supermercado!
Cuando vayamos de compras al supermercado, los niños se encargarán de comprar todo lo que necesitamos guiados por una lista y un presupuesto aproximado que previamente

---

1 *Consejos de padres a padres,* Tom Mcmahon ed. Martínez Roca.

habremos preparado. Ellos buscarán todo y se darán cuenta de lo que cuestan las cosas, los papás solamente pagarán la cuenta y les resolverán dudas que ellos tengan, como las relacionadas con productos que deben o no incluir para no salirse del presupuesto.

Matemáticas en el supermercado

Los niños llevarán un cuaderno pequeñito y un lápiz y una calculadora. Se repartirán las tareas: uno de ellos calculará el peso de cada producto decidiendo cuál merece la pena comprar, otro llevará la cuenta de lo que vamos comprando y el tercero se asegurará de que cogemos todo lo que está anotado en la lista. Unas veces utilizaremos cantidades exactas, otras redondearemos. Al terminar, calculamos el total y comprobamos si coincide con el de la cuenta.

Nuestro libro del ahorro

Podemos ayudarles a realizar reflexiones sobre el trabajo del día a día: *Nuestro libro-diario del ahorro* recogerá todos los datos que necesitamos para llevar a cabo nuestras investigaciones día a día, recogerá nuestras curiosidades, el interés por las formas de ahorrar dinero, el coste de las cosas, cómo iniciarse en su gestión...

Un apunte

Si ahora *renuncian* a disfrutar inmediatamente de aquello que su dinero puede reportarles, en un futuro podrán tener algo mucho mejor que deseen. Para ellos, ese *sacrificio* de hoy tendrá una recompensa en el futuro, pero eso sí, deberán tener muy clara su decisión puesto que tendrán que romper el cerdito para sacar las monedas y utilizarlas para el fin que han decidido.

CAPÍTULO 12
EL COLECCIONISMO Y EL PROGRESO PERSONAL Y EDUCATIVO
(«Me esfuerzo para llegar a una meta»)

Desde los tres años, cuando empiezan a reconocer su propia existencia y a ir tomando conciencia de sí mismos, los niños tienden a reunir figuritas, piedras, trocitos de papel... Antes de la pubertad comienzan a organizar su mundo, a poner cierto orden acumulando objetos que les sirvan para reafirmarse frente al exterior, objetos que para los adultos pueden pasar totalmente desapercibidos pero que para ellos tienen ciertas características exclusivas; por su parte, los adolescentes también buscan acumular juegos, objetos de su cantante más admirado o fotografías, y esta costumbre nos acompaña a lo largo de toda la vida.

Existen infinitas formas de practicar el coleccionismo, totalmente vinculadas a la forma de ser de la persona, su formación o entorno cultural y social. No existen reglas fijas para coleccionar objetos, cualquier cosa puede despertar el interés de alguien que puede dedicarse con intensidad a desarrollar su instinto coleccionista, más o menos desarrollado. Evidentemente, es necesario partir de ciertas premisas para poder coleccionar por ejemplo objetos de arte o joyas, pero en esencia las necesidades a cubrir y las inquietudes que nos llevan a acumular determinados objetos son muy similares.

El hecho de coleccionar puede ayudar a los niños a desarrollar la memoria y la paciencia, a mejorar su capacidad para ordenar, a conocer el significado de la constancia para conseguir los objetos que poco a poco van recopilando. Les sirve también para ocupar su mente alejándola de la mera pasividad que supone en muchas ocasiones estar mirando el móvil, televisión o jugando con videojuegos sin más finalidad que no aburrirse.

Los seres humanos encontramos en algunos de estos elementos un significado distinto, una sugerencia sentimental, mágica, o simplemente un detalle de carácter estético que le da un cierto valor añadido al objeto en cuestión, un significado nuevo frente al resto. Cualquier cosa puede ser coleccionada, lo importante es que para el niño tenga un interés especial. Así, con cinco o seis años, los niños empiezan a mostrar un claro interés por coleccionar figuritas de sus series de dibujos favoritas, o los cromos de futbolistas o cantantes que les llaman la atención, y esto supone una búsqueda activa, un interés por algo especial y distinto. Si somos capaces de fomentar ese interés por algo que se encuentre en la propia naturaleza, podrá servirnos de excusa para realizar muchas salidas al campo o playa y disfrutar paralelamente de las ventajas que ofrecen tales entornos; sin embargo debemos tener presente que para que los niños centren su interés de verdad en cierta actividad, esta ha de ser realmente escogida por ellos y no impuesta. Según van creciendo los niños, las posibilidades de coleccionar se van ampliando desde chapitas, cromos, piedrecitas de los primeros años a otros elementos como mariposas, hojas, minerales, escudos, coches, collares... que tienen más interés para ellos a partir de los 9 años aproximadamente.

PEDAGOGÍA DEL COLECCIONISMO

El hecho de coleccionar facilita para ciertos niños un punto de partida muy interesante para su progreso personal y educativo. Por ejemplo, para los niños tímidos supone la excusa perfecta para hablar con otros niños y fomentar las relaciones de intercambio, para los niños con dificultades de atención supone desarrollar la capacidad de memorizar y la necesidad de concentrarse y conseguir aquello que les falta además de organizarse y memorizar más de lo que habitualmente hacen.

Cuando los niños son pequeños podemos darles ciertas pautas, que en cierto modo necesitan, para mantenerse motivados en sus colecciones: ayudarles a practicar hábitos positivos, a ser constantes y a desarrollar comportamientos que les serán muy útiles en cualquier circunstancia.

HABILIDADES QUE DESARROLLA EL COLECCIONISMO

La costumbre de coleccionar ayudará al niño a desarrollar un conjunto de aspectos que les facilitará su desarrollo en muy distintas áreas a lo largo de su vida; entre estos puntos positivos podríamos destacar los siguientes:

— Organización: para saber qué le falta y qué tiene repetido, el niño debe tener perfectamente ubicados sus objetos coleccionados.
— Constancia: como método para poder completar la colección, especialmente si se fija un plazo determinado para poder terminarla.
— Respeto: por lo propio y por lo ajeno, dándose cuenta de que los demás tienen que esforzarse al igual que él o

ella para conseguir lo que tienen, aprendiendo a valorar dicho esfuerzo.
— Responsabilidad: cuidar las cosas y, si es el caso, a administrar los recursos necesarios para conseguirlas.
— Ahorro: a medida que van creciendo, los padres pueden ir dándoles periódicamente una pequeña cantidad de dinero que el niño tendrá que *administrar* para terminar su colección.
— Memoria: necesaria para tener presente qué falta y qué se tiene, su ejercicio le será de gran utilidad para los estudios.
— Socialización: el hecho de estar completando una determinada colección supone un estupendo soporte para relacionarse y mantener conversaciones, facilitando la comunicación con los demás a los niños que sean más tímidos.

Es importante que sienta que quien decide sobre su colección es realmente él o ella, que nosotros le ayudamos, pero que la responsabilidad final de completar la colección es suya, y que es mejor continuar hasta terminar una colección concreta que dejar varias hechas a medias o querer completar todas corriendo para obtener satisfacciones rápidas y poco intensas.

Un apunte

Guiar un poquito a los niños a la hora de hacer una colección supone una excelente oportunidad para disfrutar con ellos a la vez que aprenden para la propia vida. De esta manera podemos aprovechar para enseñarle a cada uno pequeños trucos que le ayuden a organizarse, tales como hacer una lista de lo que le falta, y priorizar con él o ella en función de sus preferencias, separar en pequeños archivadores o cajitas aquello que ya tenga duplicado, establecer una zona de piezas más importantes...

Si la colección tiene algún coste, es muy oportuno que aporte de su ahorro o de su asignación semanal, para que se dé cuenta de que el hecho de obtener algo supone un esfuerzo e implica dar algo a cambio. En definitiva, que aprenda a apreciar lo que tiene y el trabajo que cuesta conseguir aquello que se desea, para dar verdadero valor a lo que hace.

CAPÍTULO 13
¿CÓMO TRATAR A LOS NIÑOS MUY EXIGENTES CONSIGO MISMOS?
(«Me esfuerzo demasiado...»)

«La tendencia hacia el perfeccionismo es uno de los rasgos distintivos de las personalidades que, intentando salvaguardar una apariencia de equilibrio y autoconfianza, ocultan la angustia, el sufrimiento y la confusión más desesperantes...» (Allan E. Mallinger y Jeannette de Wize).

En ocasiones encontramos niños con un importante grado de estrés debido a que se exigen demasiado a sí mismos. Son muy perfeccionistas, les cuesta dar una tarea por finalizada, se sienten mal si no saben hacer algo en clase pues quieren dar lo mejor de sí y mostrar, tanto en casa como en el colegio, que «pueden con todo». Muchas veces es el propio entorno quien valora de manera muy positiva que estos niños se exijan al máximo y sean etiquetados como «los mejores» apreciando mucho esa forma que tienen de ser y de actuar.

Si detectas esa exigencia en tu hijo/alumno puedes tratar de ver qué existe detrás de ese comportamiento, qué es lo que está pasando y qué oculta ese comportamiento exigente o crítico consigo mismo. Podría ser que detrás de ese comportamiento haya una necesidad imperiosa de ser visto y querido o una baja autoestima que no le permita vivir con normalidad.

Encontramos un error que debe ser evitado por padres y por el entorno de adultos en general; dicho error tiene su base fundamental en dejar creer a los niños que el cariño y el amor familiar dependen del comportamiento y no de la propia relación natural entre padres e hijos... en dejar creer, en definitiva, que ese amor es condicional. Muchos niños llegan a pensar que solamente si se portan bien y hacen que los papás estén contentos, mantendrán el cariño de sus padres, y que en caso contrario no les querrán. Y aunque es necesaria la existencia de normas, buenos caminos y actitudes recomendables, también es cierto que es necesario para el buen desarrollo de los niños un margen de flexibilidad que les evite caer en una especie de ansiedad por complacer permanentemente a sus mayores, perdiendo por esta causa gran parte de los momentos de diversión y disfrute propios de su edad.

Conviene reflexionar si nosotros, como adultos, estamos siendo demasiado exigentes con ellos... ¿Estarán ansiosos por complacernos y agradarnos?

«Su pensamiento está focalizado en "no decepcionar a sus padres" y tanta autoexigencia puede desembocar en estrés y/o depresión infantil, creen que para ganarse el cariño de sus padres su comportamiento debe ser intachable. Es prioritario mostrar que el amor hacia ellos es incondicional porque el desarrollo de los niños va unido al juego y a la espontaneidad, incluso a las travesuras...».

EL NIÑO AUTOEXIGENTE Y/O PERFECCIONISTA

— Está preocupado por hacer bien sus tareas y le cuesta darlas por finalizadas. Cada trabajo lo realiza con mucho detalle y vuelve a repetirlo una y otra vez, perdiendo mucho tiempo en el proceso.

— Puede tener explosiones de rabia o ansiedad en situaciones aparentemente manejables, tiende a las rabietas cuando algo no le sale bien, por muy fácil que sea.

— Pospone o evita tareas o situaciones que le puedan resultar difíciles y siente mucha presión o ansiedad cuando no domina algo.

— Busca la aprobación de sus padres y profesores mostrando las cosas que hace bien.

— Es minucioso, además de ser muy exigente y crítico consigo mismo y con los demás.

— Prefiere abandonar antes que hacer las cosas mal, siempre cree que podría haberlo hecho mejor.

LA COMPLACENCIA

La motivación del niño para hacer las cosas es interna o genuina en muchos momentos, pero otras veces se esfuerza solo para obtener la aprobación o el reconocimiento de los demás (padres, profesores, amigos...) o simplemente se exige demasiado a sí mismo. Se trata de una imposición, no de un genuino interés por la excelencia. Las emociones y conductas que suelen acompañar este tipo de motivación son: ansiedad, presión, ira, autoestima baja, comparación constante con otros, miedo al fracaso, abandono y miedo a intentar cosas nuevas...

En ocasiones, los niños tan simpáticos, tan perfectos y ordenados, tan quietecitos y obedientes están de algún modo obsesionados por complacer a sus padres y profesores, a su entorno en general, apartándose de sus propias emociones y abandonando elementos necesarios para el correcto desarrollo de su propia personalidad.

Aunque parece que cada día es más difícil encontrar esos niños obedientes, tranquilos y ordenados, y a primera vista muchos de ellos forman parte de un mundo vertiginoso y con ciertas dosis de egoísmo, lo cierto es que no siempre lo que nos parece deseable es realmente lo más positivo para todos. No podemos olvidar que los niños necesitan ejercer de niños. El hecho de asumir responsabilidades desproporcionadas para su edad, el comprometerse con ciertos objetivos y comportamientos sostenidos les conduce a soportar tensiones inapropiadas que los adultos deberíamos controlar para acompañarles de una manera adecuada en su desarrollo.

Aquellos niños tan llevaderos y tan buenos, con tanta empatía hacia los demás... necesitan también de soporte emocional, tienen sus propias necesidades y una sensibilidad acentuada que requiere tanta atención, si no más, que aquellos otros niños más inquietos y que generan conflictos más visibles.

¿QUÉ SIGNIFICA «SER DEMASIADO RESPONSABLE»?

Podemos decir que una persona es responsable cuando responde positivamente de un hecho concreto ante alguien, en otras palabras «existe un compromiso». En estas edades los niños ya pueden conocer qué significa la palabra *compromiso*.

Aunque el porcentaje no es muy alto, existen niños que nunca se ensucian, se comen todo sin protestar, se preocupan de hacer todos los deberes, se van a dormir cuando llega la hora sin distraerse... en definitiva, son «adultos pequeñitos».

La responsabilidad es la capacidad de responder con acciones adecuadas a las situaciones que se nos presentan en la vida. Cuando nosotros educamos intentamos que nuestros alumnos o nuestros hijos comiencen a comprender la necesidad de un equilibrio entre derechos y deberes, entre libertad y responsabilidad. Permitir al niño ciertas responsabilidades (repartir material, regar las plantas de clase, cuidar la mascota...) es ayudarle a entender que existen acciones y consecuencias que dependen de él, de esta manera estará motivado para realizar estos «pequeños encargos» con seriedad y cumplirlos lo mejor posible.

Los niños «demasiado responsables»:

— Tienden a no aceptar ayuda y todo lo quieren hacer ellos solos.
— Son muy responsables de sus cosas, siempre están limpias y ordenadas.
— Son tratados como «niños modelo» en la mayoría de los ámbitos.
— Se relacionan mejor con niños mayores o adultos que con los iguales.

Es importante demostrarles que nuestro amor hacia ellos no está sujeto a condiciones, las muestras de cariño son imprescindibles: abrazos, besos, caricias... reír juntos, equivocarnos delante de ellos y explicarles que hemos cometido un error y aprenderemos de ello sin dramatismos.

Es importante enseñarles a diferenciar qué deben hacer y hasta dónde deben llegar, pues lo que están buscando con este comportamiento, en la mayoría de los casos, es *complacernos* pensando que así conseguirán nuestro cariño y aceptación.

UNA RESPONSABILIDAD EXCESIVA, ¿DÓNDE QUEDAN SUS DESEOS?

Estos niños tratan de hacer más feliz a su entorno quedando ellos mismos relegados a un segundo plano; dejando al margen sus propios deseos, lo cual se llega a producir ya de una manera inconsciente y asumida como normal, en un marco de excesivo nivel de responsabilidad para su edad. Nos encontramos frente a casos de niños que no dan prácticamente trabajo a los profesores ni a los padres. En clase son muy autónomos, no molestan, están siempre atentos y se organizan perfectamente. En casa se visten solos, ayudan en las tareas del hogar y no necesitan que se les dinamice su ocio de forma permanente.

Los niños «demasiado responsables»:

— Se relacionan de manera muy limitada con los niños de su edad.
— Carecen de habilidades sociales de autoafirmación, no suelen enfadarse, no muestran actitudes agresivas, no se dejan llevar por la ira... no son capaces de decir «No».
— Muestran actitudes de adulto hacia los más pequeños, les protegen, cuidan y miman.

Es recomendable acogerlos con cariño y suavidad; caricias espontáneas, jugar con cierta complicidad. Mantener contacto físico y altas dosis de ternura —acompañadas con claridad y firmeza cuando el momento lo requiera— facilitarán al niño las claves para saber que realmente se le quiere por lo que es y no solamente por cómo se porta.

Destacamos a continuación unas sencillas pautas de actuación para protegerles y evitar que estos niños sufran el abuso, consciente o no, de otras personas; unas pautas que canalizarán adecuadamente su tendencia a evitar el sufrimiento ajeno a costa del suyo propio:

— Tratar de no comentar delante de ellos situaciones conflictivas que aumenten su nivel de ansiedad, les hagan sufrir o les sobrecarguen con responsabilidades inadecuadas a su edad.

— Fomentar su autoconfianza y fortaleza, animándoles a expresar sus opiniones y deseos propios, elogiando sus buenas acciones y minimizando las censuras a sus expresiones. Acabar con ese sustrato de inseguridad que suele estar tan presente.

— Dejarles muy claro, por encima de todo, que se les quiere por lo que son, que el amor no es condicional, y que no es necesario estar complaciendo siempre por todo y que también ellos son muy importantes.

— Decirles la verdad cuando se está tratando un tema que les afecta, y dejarles claro que hay temas por los que no se tienen por qué preocupar. Hay cosas que son de mayores y deben quedar en ese ámbito.

— Hacerles caso con cierta celeridad, pues no suelen reclamar muchas cosas para ellos y cuando lo hacen, posiblemente lo necesiten de veras.

— Enseñarles que los errores pueden enseñarnos muchas cosas, que tampoco es necesario que todo se haga o salga perfecto, que a veces el ensayo-error aporta mucho más que el hacerlo todo perfectamente a la primera. Y que no se es culpable por no conseguir rápidamente y de forma perfecta todo; no siempre las cosas salen como uno quiere... la intención cuenta mucho.

— Estar presentes, hablar y favorecer un clima de confianza para que ellos también hablen, se expresen, dialoguen, reciban estímulos y jueguen con libertad.

— Enseñarles a ser asertivos les ayudará a tener una autoestima fuerte y a defenderse de las exigencias externas, permitiéndoles el placer de aprender a relacionarse consigo mismos y con los demás adecuadamente, sin considerarse ni más ni menos que los otros.

¿Cómo podemos ayudar a reducir el nivel de estrés y perfeccionismo en nuestros hijos?

— Contemplando con ellos expectativas realistas.
— No mostrándonos como los padres perfectos.
— Demostrando nuestro amor incondicional hacia ellos, quererlos por lo que son y no por lo que logran.
— Ayudándoles a distinguir entre aquellas tareas que requieren precisión y atención al detalle y las que necesitan resolución rápida.
— Desdramatizando los errores convirtiéndolos en una oportunidad para aprender.

Un apunte

A veces nos encontramos con niños que, desde las edades más tempranas, muestran altos grados de responsabilidad o asumen compromisos que están muy por encima de los años que tienen. El carácter, la genética y la educación familiar determinan esta actitud en gran medida, bien para frenarla, bien para fomentarla.

Este hecho no debe preocuparnos, no obstante estaremos vigilantes cuando el niño no posee o quizá sí, pero de manera muy escasa, tolerancia a la frustración y desea que todo le salga perfecto y «a la primera». En estos casos, debemos analizarnos nosotros mismos, puede que nuestro nivel de exigencia sea muy alto y ellos, para no decepcionarnos y complacernos, cumplan lo que les decimos entregándose por completo, como si estuvieran haciendo lo más importante de su vida.

CAPÍTULO 14
ESTRATEGIAS PARA SER RESOLUTIVOS
(«Me esfuerzo para resolver mis problemas»)

Los problemas casi siempre están presentes en nuestra vida y nuestros hijos/alumnos tendrán que enfrentarse a ellos en cualquier instante. Existen problemas de diversos tipos y niveles de gravedad, pero en cualquier caso, los niños necesitan estrategias para ser resolutivos.

Cuando nuestro hijo nos llama porque tiene entre manos un conflicto nosotros reaccionamos de varias maneras:

— Resolviendo directamente el problema que sufre. Si actuamos así evitaremos que él mismo aprenda a enfrentarse a sus dificultades, será muy dependiente de nosotros y le costará adquirir un nivel de autonomía adecuado para reaccionar ante los conflictos cotidianos.
— Angustiándonos y preocupándonos demasiado. Si actuamos así él mismo limitará sus propias experiencias para no preocuparnos, o nosotros lo sobreprotegeremos tanto que perderá momentos significativos en su evolución debido a temores infundados.
— Dudando del grado de implicación nuestra. Si actuamos así no sabremos hasta dónde tendremos que intervenir en los conflictos, hasta qué punto ayudamos o nos

mantenemos pasivos y el niño se contagiará de nuestra inseguridad.

— Permaneciendo con él pero otorgándole la autonomía adecuada. Si actuamos así, permitiendo que experimente y aprenda de sus errores pero previniendo con mesura ciertas actuaciones, el niño aprenderá y consolidará estrategias para la resolución de problemas en el día a día.

TÉCNICAS DE RESOLUCIÓN DE CONFLICTOS

Tomando como base el *Programa de Enseñanza de Habilidades de Interacción Social* (PEHIS) de la editorial Cepe, vamos a resumir brevemente los pasos de las técnicas para resolver dificultades. -Identificar el problema, reconocer que existe una situación conflictiva con otra u otras personas, delimitando y especificando exactamente cuál es. Podemos utilizar las siguientes preguntas:

¿Cuál es el problema?/ ¿Qué hiciste o dijiste y por qué?/ ¿Qué hizo o dijo la otra persona y por qué?/ ¿Cuál fue el motivo que causó el problema?/ ¿Cómo te sientes tú?/ ¿Cómo crees que se siente la otra persona?/ ¿Qué quieres lograr tú?/ ¿Qué quieres que haga la otra persona?

— Buscar soluciones, generar o producir muchas alternativas posibles al problema que se tiene planteado. Podemos utilizar los siguientes interrogantes: ¿Cómo se puede resolver el problema?/ ¿Qué se puede hacer o decir para solucionar el problema?/ ¿Qué harías tú para solucionar el problema?/ ¿Qué otra cosa se podría hacer?/ ¿Qué otra cosa se te ocurre hacer?/ ¿Qué otra forma habría de solucionar el problema si no puedes hacer lo anterior?

— Anticipar las consecuencias, prever las consecuencias de nuestros actos y de los actos de los demás teniéndolas en cuenta antes de actuar, pensar qué posibles consecuencias ocasiona cada solución. Podemos utilizar las siguientes preguntas: Si lo hago... ¿qué puede ocurrir después?/ Si la otra persona lo hace... ¿qué puede ocurrir después?/ ¿Qué crees tú que puede suceder después?/ ¿Qué harás/ dirás?/ ¿Qué harán/dirán las otras personas?

— Elegir una solución, tomar una decisión después de evaluar cada alternativa de solución prevista llegando a determinar qué solución se pone en práctica. Podemos utilizar los siguientes interrogantes: Esta solución, ¿es buena?, ¿por qué?/ ¿Es peligrosa?/ ¿Es justa?/ ¿Cómo afecta a la otra persona?, ¿cómo se va a sentir?, ¿se tienen en cuenta sus derechos?/ ¿Qué consecuencias tendrá para los implicados a corto y a largo plazo?/ ¿Es efectiva?/ ¿Te interesa?, ¿crees que dará buen resultado?

— Probar la solución, planificar paso a paso cómo se va a ejecutar la solución, qué se va a hacer, qué medios se van a poner en juego, qué obstáculos interfieren en la consecución de la meta. Podemos utilizar la siguiente secuencia: planificar paso a paso lo que se va a hacer/ reconocer y anticipar obstáculos que pueden dificultar o interferir en el logro de la meta/ poner en práctica la solución según lo que se ha planificado/ evaluar los resultados obtenidos.

ALGUNAS SUGERENCIAS PARA LA RESOLUCIÓN DE CONFLICTOS

— Intentaremos que comprenda que no existe una forma única y perfecta de resolución de conflictos, sino que tendrá que aprender a elegir la que mejor se adapte a cada momento.

— Utilizaremos juegos simuladores de situaciones conflictivas y hacer representaciones, de esta manera el niño automatizará respuestas que pondrá en práctica sin apenas darse cuenta en la realidad.

— Escogeremos, para enseñar todo, esto momentos en los que estemos a solas con ellos, sin prisas ni distracciones.

— Les enseñaremos a reconocer las sensaciones físicas que el cuerpo les transmite para darse cuenta de la situación problemática y a tomar conciencia de la carga emocional que están sintiendo en el momento; de todo esto dependerán cada una de sus reacciones al conflicto.

RECUERDA, PARA SOLUCIONAR LOS PROBLEMAS EFICAZMENTE

1.- Identifico el problema.

2.- Describo el problema de forma completa.

3.- Busco muchas soluciones para el problema.

4.- Busco la forma de ponerlas en práctica.

5.- Me planteo las consecuencias positivas o negativas de cada solución.

6.- Elijo la mejor.

7.- La pongo en práctica.

Un apunte

A medida que van creciendo, necesitan aprender a resolver sus dificultades de manera independiente. Los padres desempeñamos un papel de gran protagonismo en la enseñanza de las estrategias apropiadas para ello si sabemos ocuparnos, más que preocuparnos, de los conflictos de nuestros hijos y del manejo de las herramientas necesarias para alcanzar una resolución eficaz, un modelo que evite dudas y retrocesos. Podemos enseñarlas de manera directa y explicarles cómo deben actuar o, indirectamente, siendo nosotros mismos quienes las ponemos en práctica y ellos observándonos.

CAPÍTULO 15
LA TOMA DE DECISIONES DESDE LOS PRIMEROS AÑOS
(«Me esfuerzo para decidir con valentía»)

El proceso de toma de decisiones comienza a desarrollarse en la infancia, nuestra guía como padres es fundamental para que los más pequeños sepan gestionar esta herramienta tan poderosa y no se convierta en motivo de dudas ni en agobios inapropiados. La toma de decisiones permite el desarrollo de la capacidad crítica, la responsabilidad, la empatía y la resolución de problemas y/o conflictos desde los primeros años.

El proceso de toma de decisiones es continuo en nuestra vida cotidiana. Estamos eligiendo y decidiendo en cada momento: ¿qué comemos hoy?, ¿qué hacemos ahora?, ¿giramos hacia la izquierda o hacia la derecha?... Cuestiones como estas se plantean de forma instantánea y, casi sin darnos cuenta, las vamos resolviendo.

¿QUÉ IMPLICA «LA TOMA DE DECISIONES»?

La «toma de decisiones» implica:
— El desarrollo de la capacidad crítica.
— El desarrollo de la responsabilidad.
— El desarrollo de la empatía.
— El desarrollo de la capacidad de discernimiento.

— El desarrollo de la capacidad de gestión de conflictos

En ocasiones, este proceso se realiza de manera automática sin que nosotros mismos nos demos cuenta de lo que hemos pensado, pero, en otras ocasiones, deberemos realizar un proceso más estructurado en el que tendremos muy presente que las consecuencias de nuestras decisiones pueden ser buenas o malas, y que esto dependerá del proceso que realicemos, de si es el adecuado o no, de si hemos tenido en cuenta todas las variables...

Desde la Fundación Cadah nos explican cómo la toma de decisiones consiste en elegir una opción entre las disponibles, a los efectos de resolver un problema que se le pueda presentar al niño independientemente del ambiente en el que aparezca. Para poder llevarla a cabo, debe conocer cuál es la dificultad, analizarla, conocer su causa, cuáles son las posibles opciones que se le presentan y cuáles son las consecuencias que puede acarrear.

Por último, le comentaremos a nuestro hijo que «este proceso es algo personal en el que es él mismo quien debe analizar y procesar la información para obtener una respuesta, pero que en dicho proceso también puede recurrir a nosotros o a la ayuda de gente de su entorno a fin de que le asesoren y orienten». Debemos hacerle ver que pedir ayuda es algo positivo y responsable, y no algo que supone una falta de esfuerzo personal.

¿CÓMO INFLUYEN LAS EMOCIONES EN LA TOMA DE DECISIONES?

Las emociones influyen directamente en la toma de decisiones asertivas. ¿Cómo podemos practicar la asertividad con nuestros hijos y la gestión de sus emociones?

— Creando un clima libre de comunicación, donde sientan que tienen libertad de opinión y expresión.

— Cultivando la autoestima de los más pequeños. Si tienen una sana autoestima y una imagen positiva de sí mismos no tendrán miedo a expresarse libremente.

— Estimulando la responsabilidad.

— Transmitiendo confianza y fortaleciendo así su identidad. Cuando el niño expresa alguna cosa que le molesta o una opinión contraria a la nuestra, no reñirle por ello.

— Ayudándoles a tener criterio propio.

— Favoreciendo la empatía.

— Enseñándoles a respetar opiniones y a tenerlas en cuenta.

— Creyendo en ellos, si creemos en ellos, ellos creerán en sí mismos.

Un ejercicio de clase para aplicar en casa/clase:

MI PEQUEÑO UNIVERSO. DAVID Y EL OSO ARTURO

Hola, soy David, os voy a hablar sobre algo que me ha gustado mucho. Nacho es un compañero que siempre dice que «tiene muchos problemas» y no sabe cómo resolverlos. Se pone muy nervioso y no sabe tomar decisiones: «Si lo soluciono de esta manera seguro que... si cambio y lo hago de esta otra forma seguro que...».

La profesora Lola a veces pierde la paciencia y ha decidido explicarnos «La Técnica del Oso Arturo».

¿Cómo actuar?

1. Nacho, en primer lugar, deberá ser consciente de su problema, qué es lo que quiere solucionar o cambiar,

en definitiva «DEFINIR EL PROBLEMA»: «¿Cuál es mi problema?».

2. Una vez que Nacho comprenda su problema, la profesora le pedirá que piense todas las soluciones posibles que se le ocurran, sean adecuadas o inadecuadas. Después elegirá una de ellas y se planificará: «¿Cuál va a ser mi plan?», «¿cómo lo voy a hacer?». Comenzará la estrategia.

3. La profesora Lola comprobará si Nacho está utilizando la estrategia que ha elegido. Puede ir verbalizando en voz ALTA cada uno de los pasos para darse cuenta de que sigue el orden previamente establecido y no se está saltando ninguno. «¿Estoy utilizando mi estrategia?».

4. Nacho se autoevaluará, «¿Cómo lo he hecho?». La profesora Lola le hará entender que él ha sido el responsable de su actuación. En el caso de que el problema no se haya resuelto con éxito, Nacho repasará el plan con ayuda de la profesora para ver dónde está el error, si ha sido al elegir la solución o en alguno de los pasos de la estrategia... cuando esté localizado se partirá de ese momento para modificar el proceso.

5. Terminado este proceso, Nacho podrá decir: «¡He seguido los 4 pasos del oso Arturo!, y ¡me han ayudado a aprender que LOS PROBLEMAS TIENEN SOLUCIÓN!».

Para tener en cuenta:

— Podemos colocar los 4 pasos que propone «La Técnica del Oso Arturo» representados con dibujos en la habitación del niño o en un lugar cotidiano visible para él.

— Esta técnica aumenta la confianza del niño en sí mismo y le hace más responsable de las consecuencias de sus decisiones.

— Las primeras veces que se utilice esta técnica se le puede ayudar al niño a proponer alternativas para la solución del problema.

Cuidado con:

— Resolver directamente el problema que sufre el niño. Si actuamos así evitaremos que él mismo aprenda a enfrentarse a sus dificultades...

— Angustiarnos y preocuparnos demasiado. Si actuamos así él mismo limitará sus propias experiencias para no preocuparnos...

— Dudar del grado de implicación. Si actuamos así no sabremos hasta dónde tendremos que intervenir en los conflictos...

Un apunte

Cómo ayudar a los más pequeños en la toma de decisiones:

— Enseñarles a valorar los pros y los contras de cada alternativa.

— Permitirles decidir por sí mismos.

— Enseñarles a ser consecuentes con la decisión que han tomado.

— Practicar mediante juegos.

— Comenzar por decisiones muy sencillas y de poca importancia.

CAPÍTULO 16
RESILIENCIA DESDE EL NÚCLEO FAMILIAR

¿Qué percepción tenemos los padres sobre la constancia? ¿La fuerza de voluntad se ha quedado estancada en generaciones anteriores a las de nuestros hijos? En numerosas ocasiones los niños comienzan algunas actividades y proyectos con entusiasmo, pero, en muy poco tiempo, se aburren y los abandonan porque no les satisfacen, se complican demasiado o quizá implican cierto nivel de esfuerzo.

Según el Observatorio Faros, «los padres a menudo se preguntan cómo han de actuar con sus hijos para protegerlos de los contratiempos de la vida. En primer lugar, hay que remarcar que no es posible proteger a los niños de los altibajos propios de la vida; no obstante, sí es posible criar niños con capacidad de resiliencia, entendiéndola como la capacidad de hacer frente a las adversidades, superarlas y ser transformado positivamente por ellas. La resiliencia le proporcionará a un niño las herramientas necesarias para responder a los retos de la adolescencia y del inicio de la etapa adulta y así vivir de manera satisfactoria y plena a lo largo de la vida adulta».

«LA FÁBULA DE LA RECOMPENSA DEL ESFUERZO»

La sobreprotección no es aliada de la resiliencia. En ocasiones, los niños viven en una burbuja y el desarrollo de la autonomía apenas existe.

La siguiente fábula nos describe los efectos de proteger y facilitar la vida demasiado.

«Un hombre encontró un capullo de una mariposa y lo llevó a su casa para observar a la mariposa cuando saliera del capullo. Un día notó un pequeño orificio en el capullo, y entonces se sentó a observar por varias horas, viendo que la mariposa luchaba por poder salir. El hombre la vio que forcejeaba duramente para poder pasar su cuerpo a través del pequeño agujero, hasta que llegó un momento en el que pareció haber cesado de forcejear, pues aparentemente no progresaba en su intento. Parecía como que se había atascado.

Entonces el hombre, sintiendo lástima, decidió ayudar a la mariposa y con una pequeña tijera cortó al lado del agujero para hacerlo más grande, y ahí fue que por fin la mariposa pudo salir del capullo. Sin embargo, al salir la mariposa tenía el cuerpo muy hinchado y unas alas pequeñas y dobladas.

El hombre continuó observando, pues esperaba que, en cualquier instante, las alas se desdoblaran y crecieran lo suficiente para soportar al cuerpo, el cual se contraería al reducir lo hinchado que estaba. Ninguna de las dos situaciones sucedieron y la mariposa solamente podía arrastrarse en círculos con su cuerpecito hinchado y sus alas dobladas. Jamás logró volar.

Lo que el hombre, en su bondad y apuro, no entendió fue que la restricción de la apertura del capullo y el esfuerzo de la mariposa por salir por el diminuto agujero eran parte natural del proceso que forzaba fluidos del cuerpo de la mariposa hacia sus alas, para que alcanzasen el tamaño y fortaleza requeridos para volar. Al privar a la mariposa de la lucha, también le fue privado su desarrollo normal».

Moraleja: si se nos permitiese progresar en todo sin obstáculos, nos convertiríamos en inválidos. No podríamos crecer y ser tan fuertes como podríamos haberlo sido a través del esfuerzo y la constancia.

Cuántas veces hemos querido tomar el camino fácil para salir de dificultades, tomando esas tijeras y recortando el esfuerzo para encontrarnos al final un resultado insatisfactorio y a veces desastroso.

La fuerza de voluntad trabaja como un músculo, necesita ser entrenada, desarrollada y mantenida. En la última década investigaciones realizadas sobre la fuerza de voluntad nos indican que no existe una cantidad determinada para cada persona. La fuerza de voluntad varía enormemente de un momento a otro, dependiendo del grado de estrés mental reciente. Por tanto, nuestros hijos, dependiendo del estrés mental soportado en ese momento, tendrán mayor o menor fuerza de voluntad para realizar algunas tareas... Unos días terminarán los deberes muy rápido, otros se harán eternos... Las rutinas y los hábitos del día a día lograrán esa constancia en la fuerza de voluntad, unidos a nuestro apoyo y valoración de sus puntos fuertes y nuestra confianza en que puede hacer lo que se proponga.

CUIDADO CON LA SOBREPROTECCIÓN

Sobreproteger, el querer «hacer la vida más fácil», puede desembocar en que el niño muestre un comportamiento dependiente, introvertido, sin fuerza de voluntad, con alto grado de tiranía, donde busca la obtención de ayuda inmediata que le conduce a exigir en cada momento la satisfacción de sus demandas, renunciar a las propias responsabilidades, necesitar la continua ayuda y aprobación para actuar, «no realizar esfuerzos», la inseguridad... en muchos casos los adultos fomentan las conductas más infantiles de lo que corresponde a la edad. Los niños no son autónomos porque determinadas cosas se las hacen sus padres, «les sale mejor» (desconfianza) y «tardan menos tiempo» (impaciencia). El resultado futuro, una personalidad débil e insegura, el desarrollo de ansiedad o de angustia de separación, y el miedo «a crecer».

Es importante que nuestros hijos sepan que estamos a su lado para ayudarles cuando lo necesiten, pero sin hacer el trabajo por ellos ni prepararles demasiado el camino para evitarles las dificultades. Ellos necesitan un guía que les acompañe durante su aprendizaje, que les motive y les ayude cuando haga falta, pero cuidado con hacerles todo. Existen responsabilidades acordes a cada momento evolutivo que les permitirán fortalecer su seguridad y confianza en sí mismos, llegando a conseguir una autoestima saludable y aprendiendo a tomar sus propias decisiones con pensamiento crítico.

— Los niños son capaces de hacer MUCHAS MÁS COSAS de las que nosotros nos creemos.
— Los niños serán MUCHO MÁS CAPACES si les damos oportunidades suficientes.

CONSECUENCIAS DE LA *SOBREPROTECCIÓN*

— Escasa madurez emocional, debilidad y comportamiento excesivamente infantil para la edad.
— Demanda de atención constante.
— Dependencia, no autonomía, no iniciativa.
— Miedo, timidez, sumisión social, inhibición.
— En ocasiones deficiente dominio del propio cuerpo y escasa capacidad de razonamiento.

— Escaso desarrollo de sus habilidades básicas primarias (vestirse, comer...).
— Postura de pasividad, comodidad.
— Autoestima baja, inseguridad, incapacidad para resolver dificultades y afrontar problemas.
— Poca tolerancia a la frustración.
— Poca valoración de lo que tiene.
— Falta de realismo y esfuerzo por llegar a metas.
— Poca capacidad para asumir responsabilidades y consecuencias de sus actos.
— Influencia excesiva de los ambientes que lo rodean.

CÓMO ENSEÑARLES A «NO RENDIRSE»

— Evitar las presiones innecesarias. Exigir a nuestros hijos esfuerzo de manera amable y paciente.
— Permanecer a su lado motivándolos positivamente.
— Proporcionarles nuestro apoyo emocional de manera incondicional.
— Procurarles motivos por los que merece la pena esforzarse. Mostrarles motivaciones intrínsecas, aquellas que nos animan a hacer algo por el propio placer e interés de hacerlo.
— No exigirles acciones por encima de sus posibilidades, las metas que se pongan deben ser realistas.
— Reconocer y alabar sus logros.
— Enseñarles a entender la relación entre esfuerzo y buenos resultados.
— No olvidar que vivimos en la cultura de la inmediatez en donde el esfuerzo, la disciplina o el sacrificio tienden a infravalorarse... nuestros mensajes deben ser muy claros en este sentido.

— Enseñarles a descubrir enseñanzas de los fracasos y a ver el error como una oportunidad de aprendizaje.

En numerosas ocasiones, las cosas no se consiguen fácilmente, hay que luchar por ellas, esforzarse y no rendirse ante las adversidades. Ante estas situaciones aparece el «fantasma» del fracaso que no debe ser nunca un impedimento para abandonar la tarea, debemos enseñar a nuestros hijos a minimizar el miedo a fracasar.

La frustración y el sufrimiento son parte de nuestra vida y reprimirlos o intentar evitarlos desembocará en una emocionalidad pobre y alejada de la realidad.

Un apunte

El esfuerzo es un valor que desarrollar en nuestros hijos desde que son pequeños, unido a la capacidad de trabajo y sacrificio. Ellos aprenderán a no rendirse ante el primer obstáculo que se les presente y continuarán con la tarea, pues, en su futuro, se van a encontrar con muchas dificultades y dependerá de su fuerza de voluntad que puedan superarlas. Desde nuestro rol como padres podemos desarrollar la RESILIENCIA y apoyar a nuestros hijos para que la desarrollen. La resiliencia es la capacidad que tiene el ser humano para afrontar las dificultades, los problemas y las adversidades de la vida, superarlas y transformarlas.

CAPÍTULO 17
¿CÓMO FOMENTAR LA GRATITUD?

«¡Gracias!» es una de las palabras más poderosas del mundo. Muestra respeto y aprecio por todo lo bueno que recibimos. Además, forma parte del vocabulario básico que se enseña a la hora de aprender cualquier idioma.

La expresión más simple de gratitud consiste en un «GRACIAS» y una SONRISA.

«La gratitud es una fortaleza. Y desde la psicología positiva entendemos fortaleza como esa cualidad, característica o punto fuerte de la persona que está presente desde el nacimiento de manera innata» (Instituto Europeo de Psicología Positiva).

La gratitud ayuda a conciliar el sueño. Si tenemos en cuenta que la principal causa del insomnio es la ansiedad, provocada por las preocupaciones diarias, el estrés, y el «darle vueltas a todo», sentirnos agradecidos nos ayuda a mantener nuestra paz interior, nos permite dormir plácidamente. En definitiva, estar agradecido ayuda a dormir mejor, en la medida en que nos acostamos más tranquilos y menos preocupados. Si se cultiva la gratitud a lo largo del día es más probable que los pensamientos positivos sean mayoría en el momento de irse a la cama. Es muy necesario bajar el ritmo y tomar conciencia de lo que nos rodea en cada momento.

La gratitud no solamente nos hace sentir bien, sino que es beneficiosa para nosotros; sentirnos agradecidos habitualmente puede tener un gran impacto en nuestras vidas. Muchas investigaciones sobre el cerebro muestran que las emociones positivas son saludables para nuestros cuerpos, mentes y cerebros.

Cuando hablamos de *gratitud* utilizamos un lenguaje positivo. Nos centramos en las emociones positivas que sentimos y en las cosas buenas que nos suceden... en definitiva, nos sentimos agradecidos por lo que tenemos. La gratitud implica detenerse para darse cuenta y valorar aquello que damos por sentado en el día a día como tener un hogar donde vivir, comida, amigos, familia... Se trata de dedicar un momento a reflexionar sobre lo afortunados que somos cuando nos ocurren cosas buenas, ya sean pequeñas o de gran magnitud. Cuando estamos agradecidos, también nos sentimos felices, tranquilos, alegres, amables y cariñosos.

La gratitud implica dar la vuelta a la tendencia a quejarse y a pensar en aquello que no tenemos. La gratitud es tomar consciencia y valorar las cosas que ya tenemos, significa tomarse un momento y reflexionar sobre lo afortunados que somos cuando ocurre algo, ya sea importante o intrascendente.

La gratitud va unida a la satisfacción vital e incrementa nuestro grado de sociabilidad y afectividad porque funciona en dos direcciones (aquel que da gracias y aquel que las recibe), además es común en todas las edades.

La periodista y psicóloga Linda Wasmer Andrews publicó recientemente en su blog una serie de herramientas que son de utilidad para aquellas personas que quieran ser más agradecidas.

— Una vez al día: todas las noches anota entre tres y cinco cosas que te hayan pasado en el día por las que puedas estar agradecido.

— Una vez a la semana: no está de más dar las gracias cuando alguien haga algo por ti, pero de vez en cuando es mejor ir más allá. Reserva un tiempo a la semana para decirle a alguien lo mucho que ha significado su apoyo o favor en un determinado momento.

— Una vez al mes: escribe una carta agradeciendo a alguien lo que ha hecho por ti a lo largo de tu vida, y lo mucho que ha significado su generosidad. Mandar la carta por e-mail o correo está bien, pero siempre será más emotivo si se entrega en mano.

Un apunte

Si nuestros hijos presencian ejemplos de personas agradecidas y cada uno de nosotros somos capaces de practicar la gratitud en el día a día, será más fácil para ellos entender este comportamiento y llegará un momento en el que darán las gracias y reconocerán el esfuerzo sin que sea necesario recordárselo. La gratitud se convertirá así en una actitud para valorar las oportunidades que se nos presentan en la vida, dejando de lado los pensamientos negativos y buscando una oportunidad en cada actuación. La gratitud trae muchos beneficios y nos aporta calidad de vida. Para vivir en gratitud debemos tener en cuenta todas la cosas buenas que están en nuestras vidas.

CAPÍTULO 18
MOMENTOS DEL DÍA IDEALES PARA HABLAR...

En numerosas ocasiones los padres nos quejamos de que no hay manera de comunicarnos con nuestros hijos. Cuando tenemos ocasión de preguntar qué tal, ellos nos responden bien, sí, no... y tras varios intentos de estímulo para que abandonen los monosílabos, acabamos desistiendo. Al principio pensamos que son muy pequeños y después, cuando crecen, algunos se vuelven más reservados... Cuando llegan a la adolescencia directamente prefieren no contarnos nada. El caso es que nos dedicamos a ir detrás de ellos para saber algo más de lo que hacen y es *misión imposible*.

Muchas veces nosotros no elegimos el mejor momento para hacerlo. Están viendo la tele, su serie favorita, y nosotros estamos al lado preguntando qué tal, cuéntame qué tal en el cole... tampoco es el mejor momento la salida del cole, cuando están despidiendo a sus compañeros... Para favorecer un diálogo con los niños en lugar de un monólogo por nuestra parte, es importante considerar si el momento en el que estamos es adecuado. A veces no somos conscientes del cansancio, de terceras personas que pueden estar escuchando, de estímulos distractores... Los momentos para comunicarnos con nuestros hijos requerirán cierta calma, respiración tranquila y escucha activa... Es importante que ellos se conecten y no sientan que les estamos interrogando... Otra de las prioridades es evitar hacerles preguntas cerradas, preguntas que puedan responder con sí/no, bien/mal. Tenemos que hacer preguntas abiertas, que les obligue a darnos una respuesta de más de una palabra.

En las comidas familiares, cuando estamos sentados en la mesa y podemos vernos cara a cara, durante unos minutos podemos compartir unos momentos del día en los que nos han sucedido cosas interesantes. En esos instantes nos sentimos tranquilos y con atención plena. A diario, quizás no sea posible hacer esto al mediodía, pero probablemente podamos hacerlo durante las cenas; cuidado con las tareas domésticas o la tele, no dejemos que entorpezcan nuestra labor.

¿EN QUÉ MOMENTOS DEL DÍA PUEDE SER MÁS FÁCIL COMUNICARNOS CON ELLOS?

Por la mañana, cuando hay tiempo para desayunar con calma...

Si podemos comenzar el día disfrutando con calma de un desayuno junto a nuestros hijos evitaremos el estrés y afrontaremos nuestra jornada de trabajo de manera mucho más relajada. Si tenemos el privilegio de poder desayunar en familia, es sin duda un momento excelente para hablar con ellos: preguntarles sobre su día en el colegio, comentar lo sucedido en la jornada anterior y contarles nosotros también nuestras cosas. A veces es muy difícil porque el horario y las prisas no son compatibles, incluso dejando toda la ropa y materiales ya preparados la noche anterior... No obstante, siempre nos quedarán los fines de semana para poder hacerlo, pues por la mañana nos encontramos descansados y con la mente limpia.

Camino del cole...

Otro momento muy interesante a tener en cuenta es usar el trayecto en coche mientras los llevamos al cole o en el autobús, metro... En esta situación prescindiremos del móvil, salvo que nos quieran dar a conocer alguna nueva canción y podamos comentarla después con ellos. El trayecto hacia el colegio no tiene por qué ser «en piloto automático», aburrido y monótono... Podemos aprovechar para conocer las necesidades de los niños o inclusive de los planes que haréis juntos a la salida del colegio, o en el fin de semana.

Una experiencia muy bonita que relató una familia hace unos meses consistía en la invención de un *lenguaje secreto* que solamente entendieran los niños y los papás, los mensajes cifrados son una divertida forma de decirles a nuestros hijos que estamos con ellos y conectamos con sus emociones.

Por la tarde: La hora de la merienda

Cuando recogemos a nuestros hijos del colegio, a veces los llevamos al parque o bien les permitimos un ratito de relax en casa mientras meriendan, antes de los deberes. En otras ocasiones los recogemos después de las extraescolares. Este momento también es ideal para hablar con ellos. Cuando salen del cole tienen cosas que contarnos, y necesitan nuestra atención. Muchas veces estamos hablando por el móvil o contestando *wasaps* sin darnos cuenta... Cuidado, este momento es ideal para compartir inquietudes, noticias del cole y novedades. Es importante no atender el teléfono y escuchar atentamente sus relatos, mantener una escucha activa de su día y aprovechar para interesarnos por lo que nos cuentan. Si ellos perciben que no se les atiende, se quedarán callados o quizá se vuelvan demasiado insistentes dañando la comunicación. Además, podemos aprovechar para algo tan sencillo y básico como jugar con nuestros hijos pues, a menudo, estamos inmersos en nuestros pensamientos, rutinas o preocupaciones y acabamos olvidando algo esencial... jugar con nuestros hijos.

Por la noche: La hora de cenar y de dormir

Cuando nuestros hijos son muy pequeños, el momento del baño es muy importante y solemos cuidar hasta el último detalle para que todo sea perfecto. Allí estamos en comunicación continua con nuestros bebés. A medida que van creciendo, pasamos a cenar en familia. La cena, en muchos hogares, es el único momento del día en el que la familia comparte la mesa y un ratito de conversación de manera positiva, por tanto se convierte en un hábito que no debemos perder; para ello es importante dejar los móviles a un lado, apagar la televisión y dedicarnos a estar todos juntos. Intentaremos abrir nuestros canales de comunicación al máximo, mirándonos a los ojos, parafraseando sus mensajes e interesándonos por lo que nos cuentan... «Me interesa mucho lo que me estás diciendo; igual que para ti es muy importante, para mí también lo es...».

El fin de semana

En ocasiones, los días laborables se convierten en un auténtico maratón y puede complicarse esa dedicación exclusiva que tanto necesitan nuestros hijos. Una sugerencia interesante es solicitar su participación en las tareas domésticas. Ellos puedes ayudarnos a hacer la compra, a preparar la comida...

También podemos preparar actividades como practicar deporte en familia montando en bicicleta, salir de excursión cuando el tiempo lo permita, bailar todos juntos con una coreografía previa... La mayoría de estos momentos están al alcance de cualquiera de nosotros, pues son situaciones cotidianas que no requieren de mucho tiempo. La comunicación familiar está llena de oportunidades y situaciones relajantes... cuidado con aprovechar estos momentos para un *tercer grado*... A veces basta con escuchar.

Un apunte, os proponemos una serie de temas para iniciar conversaciones

— ¿Qué te ha gustado más hoy y qué te ha gustado menos? (lo mejor del día y lo menos interesante).

— ¿A qué has jugado durante el recreo?

— ¿Qué reto o problema has tenido que superar hoy?

— Opinión sobre un tema de actualidad.

— Mira lo que me ha pasado... ¿Qué habrías hecho en mi lugar?

— ¿Te has esforzado en tus trabajos del cole?

RECORDANDO UNA PRIMERA
FÁBULA DE MI INFANCIA

«LA LIEBRE Y LA TORTUGA»
(ESOPO, fabulista de la Antigua Grecia)

En el mundo de los animales vivía una liebre muy orgullosa, porque ante todos decía que era la más veloz. Por eso, constantemente se reía de la lenta tortuga.

—¡Miren la tortuga! ¡Eh, tortuga, no corras tanto que te vas a cansar de ir tan de prisa! —decía la liebre riéndose de la tortuga.

Un día, conversando entre ellas, a la tortuga se le ocurrió de pronto hacerle una rara apuesta a la liebre.

—Estoy segura de poder ganarte una carrera —le dijo.

—¿A mí? —preguntó, asombrada, la liebre.

—Pues sí, a ti. Pongamos nuestra apuesta en aquella piedra y veamos quién gana la carrera.

La liebre, muy divertida, aceptó.

Todos los animales se reunieron para presenciar la carrera. Se señaló cuál iba a ser el camino y la llegada. Una vez estuvo listo, comenzó la carrera entre grandes aplausos.

Confiada en su ligereza, la liebre dejó partir a la tortuga y se quedó remoloneando. ¡Vaya si le sobraba el tiempo para ganarle a tan lerda criatura!

Luego, empezó a correr, corría veloz como el viento mientras la tortuga iba despacio, pero, eso sí, sin parar. Enseguida, la liebre se adelantó muchísimo. Se detuvo al lado del camino y se sentó a descansar.

Cuando la tortuga pasó por su lado, la liebre aprovechó para burlarse de ella una vez más. Le dejó ventaja y nuevamente emprendió su veloz marcha.

Varias veces repitió lo mismo, pero, a pesar de sus risas, la tortuga siguió caminando sin detenerse. Confiada en su velocidad, la liebre se tumbó bajo un árbol y ahí se quedó dormida.

Mientras tanto, pasito a pasito, y tan ligero como pudo, la tortuga siguió su camino hasta llegar a la meta. Cuando la liebre se despertó, corrió con todas sus fuerzas, pero ya era demasiado tarde, la tortuga había ganado la carrera.

Aquel día fue muy triste para la liebre y aprendió una lección que no olvidaría jamás: no hay que burlarse jamás de los demás. También de esto debemos aprender que la pereza y el exceso de confianza pueden hacernos no alcanzar nuestros objetivos.

Un apunte para iniciar una fructífera reflexión

¿A quién de las dos protagonistas otorgarías una medalla por su esfuerzo?

¿Encuentras muchas liebres en tu día a día?

RECORDANDO UNA SEGUNDA FÁBULA DE MI INFANCIA

«LA CIGARRA Y LA HORMIGA»
(ESOPO, fabulista de la Antigua Grecia)

Era un verano muy caluroso, probablemente uno de los más calientes de las últimas décadas. Quizá por eso, la cigarra decidió dedicar las horas del día a cantar alegremente debajo de un árbol. No tenía ganas de trabajar, solo le apetecía disfrutar de sol y cantar, cantar y cantar. De manera que así pasaba sus días, uno tras otro.

Uno de esos días pasó por allí una hormiga que llevaba a cuestas un grano de trigo muy grande, tan grande que apenas podía sostenerlo sobre su espalda. Al verla, la cigarra se burló de ella y le dijo:

—¿Adónde vas con tanto peso? ¡Con el buen día que hace y con tanto calor! Se está mucho mejor aquí, a la sombra, cantando y jugando. ¿Acaso no quieres divertirte? —se rio la cigarra.

La hormiga se detuvo y miró a la cigarra, pero prefirió hacer caso omiso de sus comentarios y continuar su camino en silencio y fatigada por el esfuerzo. Así pasó todo el verano, trabajando y almacenando provisiones para el invierno. Y cada vez que veía a la cigarra, esta se reía y le cantaba alguna canción de aires burlones:

—¡Qué risa me dan las hormigas cuando van a trabajar! ¡Qué risa me dan las hormigas porque no pueden jugar!

Así pasó el verano y las temperaturas empezaron a bajar. En ese momento, la hormiga dejó de trabajar y se metió en su hormiguero, donde se encontraba calentita y tenía comida suficiente para pasar todo el invierno. Entonces, se dedicó a jugar y cantar.

Sin embargo, el invierno encontró a la cigarra debajo del mismo árbol, sin casa y sin comida. No tenía nada para comer y estaba helada de frío. Fue entonces cuando se acordó de la hormiga y fue a llamar a su puerta.

– Amiga hormiga, sé que tienes provisiones de sobra. ¿Puedes darme algo de comer y te lo devolveré cuando pueda?

La hormiga le abrió la puerta y le respondió enfadada:

—¿Crees que voy a darte la comida que tanto me costó reunir? ¿Qué has hecho, holgazana, durante todo el verano?

—Ya lo sabes —le respondió apenada la cigarra—. A todo el que pasaba, yo le cantaba.

—Pues ahora, yo como tú puedo cantar: ¡Qué risa me dan las hormigas cuando van a trabajar! ¡Qué risa me dan las hormigas porque no pueden jugar!

Y dicho esto, le cerró la puerta a la cigarra. A partir de entonces, la cigarra aprendió a no reírse del trabajo de los demás y a esforzarse por conseguir lo que necesitaba.

Un apunte para iniciar una fructífera reflexión

¿Responderías a la cigarra de la misma manera que lo hizo la hormiga?

¿Crees que cuando llegan inviernos o etapas complejas a nuestra vida es importante haber desarrollado resiliencia?

BIBLIOGRAFÍA

Ariste, E. (2021) *Escucha Activa*. México: Díaz de Santos.

Balaban, N. (2000). *Niños apegados, niños independientes*. Madrid: Narcea.

Baum, H. (2001) *¡Lo quiero ahora!: Cómo tratar la impaciencia, la frustración y las rabietas*. Barcelona: Oniro.

Bisquerra, R. (2000). *Educación emocional y bienestar*. Barcelona: Praxis.

Bisquerra, R. (2009). *Psicopedagogía de las emociones*. Madrid: Síntesis.

Cabero, M. (2008). *El coaching emocional*. Barcelona: UOC.

Casanova, M.A. (2013) *La educación que exigimos*. Madrid: La Muralla.

Casanova, M.A. (2017) *Educación inclusiva en las aulas*. Madrid: La Muralla.

Conangla, M. M. (2004). *Crisis emocionales*. Barcelona: Amat.

Conangla, M. M. y Soler, J. (2002). *Ecología emocional*. Barcelona: Amat.

Cornelius, H. (2017). *Tú ganas, yo gano. Cómo resolver conflictos creativamente ... y disfrutar con las soluciones*. Madrid: Gaia ediciones.

Elías, M. J., Tobías, S. E. y Friedlander, B. S. (1999). *Educar con inteligencia emocional*. Barcelona: Plaza Janés.

Elías, M. J., Tobías, S. E. y Friedlander, B. S. (2001). *Educar adolescentes con inteligencia emocional*. Barcelona: Plaza Janés.

Fernández Berrocal, P. y Ramos Díaz, N. (2002). *Corazones inteligentes*. Barcelona: Kairós.

Goleman, D. (1996). *Inteligencia emocional*. Barcelona: Kairós.

Honoré, C. (2017). *Elogio de la lentitud*. Barcelona: RBA Editores.

Hué García, C. (2007). *Pensamiento emocional*. Zaragoza: Mira Editores.

Hué García, C. (2008). *Bienestar docente y pensamiento emocional*. Madrid: Praxis.

Ibarrola, B. (2003). *Cuentos para sentir. Educar los sentimientos*. Madrid: SM.

Ibarrola, B. y otros (2003). *Sentir y pensar*. Madrid: SM.

Jarque, J. (2008). *Cómo fomentar la responsabilidad*. Madrid: Gesfomedia Educación.

López García, C. A. (2014). *Tu perro piensa y te quiere*. Barcelona: Dogalia.

Mallinger, A. E. y De Wyze, J. (2010). *La obsesión del perfeccionismo: soluciones para acabar con el control excesivo*. Barcelona: Paidós.

Martínez Lozano, E. (2021). *Compromiso*. Madrid: San Pablo.

Mayhem, M. y Sears, K. (2017). *Cómo cuidar de tu humano: Una guía para perros*. Madrid: Impedimenta editorial.

Monjas, I. (2018). *Programa de enseñanza de habilidades de interacción social*. Madrid: Cepe.

Mora, M. y Rubio, S. (2019) *Educación para la salud y el consumo en Educación Infantil*. Madrid: Pirámide.

Ramírez, P. (2021). *Educar en el esfuerzo y en la responsabilidad*. Barcelona: Grijalbo.

Redorta, J., Obiols, M. y Bisquerra, R. (2006). *Emoción y conflicto. Aprenda a manejar las emociones.* Barcelona: Paidós.

Reyes, Miguel M. y Escalona, Noelia M. (2020) *Argumentación para todos.* Sevilla: Universo de Letras.

Roa García, A. (2014). *Viva la vida.* Valencia: Pasión por los libros.

Roa García, A. (2015). *El yo infantil y sus circunstancias.* Valencia: Pasión por los libros.

Roa García, A. (2017). *Educación, ¿talla única?.* Almería: Círculo Rojo.

Roa, A y Calderón C. (2019). *Altas capacidades, educando para el éxito.* Madrid: La Muralla.

Roa García, A. (2020). *Escuela de familias.* Almería: Círculo Rojo.

Rodari, G. (2020). *El libro de los errores.* Barcelona: Juventud.

Rojas Marcos, L. (2010). *Superar la adversidad.* Barcelona: Espasa libros.

Saiz Sánchez, C. (2017). *Pensamiento crítico y cambio.* Madrid: Pirámide.

Sastre, G. y Moreno, M. (2002). *Resolución de conflictos y aprendizaje emocional.* Barcelona: Gedisa.

Soto, M. J. (2014). *Mi primer libro de economía.* León: Everest.

Steels, P. (2012). *Procrastinación.* Barcelona: Debolsillo.

Taniguchi, J. (2020). *Mascotas: un paseo en compañía.* Madrid: Cyan proyectos editoriales.

Vallés Arándiga, M., A. (2000). *La inteligencia emocional de los hijos. Cómo desarrollarla.* Madrid: EOS.

Redondo J., Ortells M... y Bosque... R. (2010): Anuncios y consumo. Presencia en medios de los anuncios... Barcelona, Paidós.

Reyes Manuel M. y... Antonio Medina... (2020): El consumo en una sociedad servil. Un siglo. Zaragoza.

Ríos García A. (2014): Por la web Valencia... En por los datos.

Ruiz García... (2005): ... por la red y su consumo sobre los usuarios valencianos. Valencia...

Roa Bastos... (2017): ... por la nación... Alianza. Círculo de los...

Ruiz A. y González C. (2009): Meseta para dates, consumo, para el radio. Madrid. La Mareja.

Sáiz García A. (2020): Bancos de jóvenes, alianzas. Estudio foto-radio. Galicia...

Roque Mardones... (2010): Saturar. La adversidad. Barcelona. Panamericana.

Sáez Sánchez A. (2017): Adaptación del mundo moderno. Madrid. Editorial...

Sáinz G. y Moreno M. (2007): Resolución de conflictos y prevención en las relaciones. Colina...

Savona A. (2004): La importancia como un campo diverso de...

Segura (2017): ... en consumo. Barcelona. Debolsillo...

Tríquez L. (2020): Alteridad y poder en una ruptura. Madrid. Oral proyectos generales.

Villaseñor M. J. A. (2000): La alianza que avanza. Madrid. Conocimiento. Madrid. EOS.

ANEXO 1

PARA DOCENTES Y FAMILIAS MÁS *ATREVIDAS*... UNA PRÁCTICA-COMPROMISO CON «LAS MASCOTAS»

En la sociedad de hoy en día se hace necesario fomentar valores afectivos y de respeto hacia los animales, y una de las mejores maneras para ello es conocerlos y tener contacto directo con algunos de ellos. Además, esta relación será muy beneficiosa para ambas partes, pues los niños, gracias a su interacción con las mascotas, desarrollarán su sentido de la responsabilidad y tendrán un punto de apoyo amable en su desarrollo psicológico, emocional y social.

1. PARA REALIZAR ESTA PRÁCTICA PODEMOS TENER EN CUENTA ALGUNOS APUNTES:

Un animal no es una persona ni tampoco un juguete, y debe ser educado y tratado como lo que realmente es. Necesita sus espacios *privados*, sus tiempos, sus momentos de juego e interactuación y sobre todo saber cuál es la posición que se le reserva dentro del entorno en el que convive; no es conveniente que se acostumbre a dormir en la cama con los niños, no debe incorporar en su dinámica diaria comportamientos no deseados como morder o lamer continuamente a los humanos... y sí aprender a obedecer y a no ser agresivo, a convivir, en definitiva, en un entorno que no corresponde exactamente con su medio natural.

Las mascotas se convierten en muchas ocasiones en *confidentes* de los niños; puede obtenerse mucha información significativa para padres y educadores simplemente observando y dándose cuenta de lo que los niños cuentan a sus animales. Por tanto, esta situación de convivencia ideal y beneficiosa supone un foco importante para este proyecto en el que se hablará de distintos animales, sus diferentes necesidades de higiene, cariño y educación y, por supuesto, de la exigencia de un punto fundamental: el respeto por las distintas formas de vida.

Podemos trabajar además temas transversales relacionados con:

— Educación para la salud. Trabajando sobre buenos hábitos de higiene en la relación entre el hombre y los animales.
— Educación ambiental. Haciendo hincapié en la mencionada necesidad de respeto y cuidado hacia las distintas especies.
— Educación cívica y sostenible. Valorando y concienciando sobre la necesidad de respeto, cuidado hacia los animales.

2. ¿QUÉ SABEMOS DE NUESTRAS MASCOTAS?

¿Qué sabemos sobre las mascotas?

Preguntamos a los niños y apuntamos con un rotulador de color en un papel continuo con un (¿) para después ponerlo en un lugar visible dentro del aula o en casa. Podemos utilizar como base de partida las siguientes preguntas:

— ¿Qué es una *mascota?*, ¿sabéis algunos nombres de mascotas?

— ¿Por qué se llaman *animales de compañía?*

— ¿Por qué también se consideran *animales domésticos?*

— ¿Quiénes tienen mascotas en su casa?, ¿cuáles son?

— ¿Qué cuidados necesitan las mascotas?

— ¿Dónde las llevamos cuando están enfermas?

— Las mascotas, ¿son juguetes o son *seres vivos?*

¿Qué nos interesaría saber sobre las mascotas?

Preguntaremos de nuevo a los niños y volvemos a apuntar con otro rotulador de diferente color en otro papel continuo con otro (¿) para después ponerlo en un lugar visible dentro del aula o en casa. Podemos utilizar como continuación las siguientes preguntas:

— ¿Qué hacemos para tener a la mascota limpia?

— ¿Qué hacemos para tener a la mascota «bien alimentada»?, ¿dónde se compran los alimentos para las mascotas?

— ¿Necesita tener la mascota «su propio espacio»?

— ¿Por qué decimos que el perro es «un compañero siempre fiel»?

— ¿Necesitamos sacar a los gatos domésticos a la calle para que hagan sus necesidades?

— ¿Qué es un calendario de vacunación y desparasitación?

— Si tenemos peces como mascotas, ¿qué es un acuario?, ¿es importante comprobar la temperatura del agua del acuario?

— ¿Sabéis cómo son los hámsteres?, ¿son suaves?

— ¿Qué cuidados necesitan las tortugas?

— ¿Qué otros tipos de mascotas conocéis?, ¿alguno de vosotros ha visto alguna vez un hurón?, ¿cómo son?

¿Cómo podemos conocer más a las mascotas?

Organizamos el plan de acción e investigación sobre las mascotas, sus características, sus necesidades y cuidados...

Fuentes de información, colaboraciones...

3. OBJETIVOS DIDÁCTICOS QUE SE TRABAJAN

— Respetar y cuidar a los animales.

— Desarrollar una actitud positiva hacia la naturaleza.

— Valorar a los animales como fuente de beneficios.

— Reconocer los distintos destinos que se pueden dar a los animales. El animal de compañía.

— Tener en cuenta las ventajas y los inconvenientes a la hora de elegir una mascota determinada.

— Comentar la importancia de sentirnos responsables de nuestra mascota.

— Conocer los hábitos higiénicos que necesita nuestra mascota.

— Conocer la alimentación adecuada que necesita nuestra mascota.

— Habilitar un espacio del hogar para ubicar las pertenencias de la mascota.

— Valorar a la mascota como un ser vivo al que hay que cuidar, no como un juguete.

— Apreciar las propiedades terapéuticas de la mascota (p. ej. ayuda a la superación de miedos y fobias, reduce ansiedad y estrés...).

— Identificar por medio de la mascota las diferentes fases de la vida: nacimiento, crecimiento, reproducción y muerte.

— Explorar las posibilidades de movimiento de nuestro cuerpo representando a diversas mascotas.

4. BENEFICIOS DE ESTA PRÁCTICA

La presente práctica está pensada para que nuestros niños y niñas, así como nosotros, conozcamos los beneficios de la amistad niño-animal. Entre ellos podemos destacar el impulso del desarrollo cognitivo, de la comunicación y de la intuición; el fortalecimiento del sistema inmunológico; el desarrollo del sentido de la responsabilidad y del respeto hacia el animal, ya que cuidar a una mascota enseña a ser más compasivos, más empáticos, a entender mejor los problemas que padecen los demás. Cuando se comparte la vida con una mascota, los niños crecen más felices desarrollando mayor capacidad de socialización, autoestima y confianza, en definitiva, mejora su estabilidad emocional contando con el apoyo del animal y con su compañía incondicional en los momentos difíciles. Acariciar a una mascota reduce el estrés y la ansiedad, produce una mejora del bienestar físico y ayuda a superar posibles miedos y fobias, además de enseñar a entender las fases de la vida: nacimiento, crecimiento, reproducción y muerte. Además, tener una mascota ayuda a los niños a comunicarse mejor y a expresar sus emociones.

5. ACTIVIDADES

— «Jugamos a ser VETERINARIOS»: hablaremos sobre los cuidados que necesitan los animales, de cómo el veterinario los cura. El veterinario es «el médico de los animales». En las clínicas veterinarias se vacuna, se baña y se peina a las mascotas, además de curarlas si están enfermas.

— Jugamos a bañar y peinar a nuestra mascota. Dialogamos sobre lo que se necesita y preparamos nuestro escenario con el material necesario para este juego simbólico: bañeras, esponjas, peines, toallas...

— Jugamos a ser veterinarios y a curar a nuestra mascota. Dialogamos sobre lo que se necesita y preparamos nuestro escenario con el material necesario para este juego simbólico: juguetes relacionados con el instrumental de médicos y medicinas simbólicas en cajitas, frasquitos, tubitos...

— Buscaremos fotografías e ilustraciones de animales en revistas e Internet para realizar un cuadro comparativo con semejanzas y diferencias (cantidad de patas, de qué está recubierto su cuerpo, su hábitat...). Podemos realizarlo en una cartulina y después utilizarlo como material de trabajo básico en el proyecto.

— «MASCOTAS EN VIVO»: invitaremos a varios miembros de las familias de los niños que tengan mascota, para que nos visiten con la mascota de la casa y nos cuenten cosas sobre ella. Calendarizaremos varias visitas, para poder observar diferentes especies de animales (perro, gato, pez, tortuga, pájaro...).

— «MASCOTAS DE PELUCHE»: jugaremos con animales de peluche. Describiremos cada uno de ellos, los cuidaremos, les «daremos de comer», intercambiaremos los peluches con nuestros compañeros...

— Salimos de paseo con nuestra mascota. Nos disfrazamos y salimos a pasear a nuestras mascotas de peluche. Cada niño puede representar a un personaje, el que más desee, un miembro de su familia, un protagonista de sus dibujos animados preferidos... lo más importante es que vaya acompañado de su mascota.

— Nos disfrazamos de nuestra mascota o animal preferido

— Confección de animales con material reciclable.

ANEXO 2

PARA DOCENTES Y FAMILIAS MÁS *ATREVIDAS*... UNA PRÁCTICA-COMPROMISO CON «LOS ABUELOS, REFERENTES EN LA CULTURA DEL ESFUERZO»

En España, cada 26 de julio, coincidiendo con las onomásticas de san Joaquín y santa Ana (abuelos del Niño Jesús por ser los padres de la Virgen María) se celebra el Día de los Abuelos.

1. PARA REALIZAR ESTA PRÁCTICA PODEMOS TENER EN CUENTA ALGUNOS APUNTES

Hoy en día los abuelos desempeñan un papel mucho más activo en el ámbito familiar que otras generaciones no tan lejanas. Influyen de forma directa en sus nietos como cuidadores, modelos, confidentes, consejeros... y también como mediadores con los padres. Pero en nuestra sociedad cada vez tienen una presencia más destacable como soporte de la estructura familiar dadas las circunstancias socio-laborales actuales, e incluso en muchas ocasiones como soporte económico a causa del impacto de la crisis que nos afecta.

«Los abuelos son "médicos buenos que no utilizan bata blanca". Curan el dolor de tripa con una infusión y parece que lo saben todo. En su casa, los niños cambiarán sus costumbres en cuestiones de horarios para dormir, jugar, comer... aunque nosotros les advirtamos; ¡no pasa nada!, ¡ellos educan de otra forma! Utilizarán su paciencia para que el nieto tome leche en el desayuno, pues les reirán sus ocurrencias espontáneas y "el dolor de tripa" por tomar leche lo transformarán en risa; estarán abiertos al diálogo y se convertirán en sus *compinches* consiguiendo que los niños realicen cosas que los padres nunca se habían planteado como posibles. Su relación con los nietos, a diferencia de con los hijos, tiene la virtud de no estar enmarcada en un objetivo educativo, y, al despreocuparse de ello, intentan darles aquellas cosas que a sus mismos hijos tal vez negaron. Aun así, los abuelos deberán respetar las normas básicas que los padres han dado a los nietos y no consentir demasiados caprichos que los padres prohibieron previamente, como comprarles juguetes a menudo o dejar sus cosas sin recoger. De ahí que en determinadas situaciones en las que los padres son sustituidos por los abuelos, como sucede en vacaciones, los primeros deben dejar muy claro qué es lo que se espera de los segundos y cuáles son las reglas por las que deben regirse, siempre dando un margen de flexibilidad que los abuelos se encargarán de ampliar por su propia naturaleza».

2. ¿QUÉ SABEMOS DE NUESTROS ABUELOS?

Para conocer mejor a los abuelos es interesante valorarlos como personas importantes y merecedoras de respeto, hablando en positivo de las cosas buenas que hacen por todos y situándolos en un árbol genealógico que identifique su posición en la familia, indicando sus nombres.

«Docentes atrevidos»: «EL ABUELO EN EL COLE»

Abriremos las puertas del centro educativo a los abuelos. Abriremos las puertas a libros vivos rebosantes de conocimientos y experiencias acumuladas a lo largo del tiempo, reconoceremos sus esfuerzos, valoraremos su trayectoria y su educación en valores desde la ternura.

«Los abuelos y abuelas atienden a las invitaciones que se les hacen para asistir a participar de las actividades escolares de sus nietos y nietas», se trata de la participación en el colegio, de la integración en la actividad escolar programada.

3. OBJETIVOS DIDÁCTICOS QUE SE TRABAJAN

— Conocer mejor a nuestros abuelos como miembros de nuestra familia (árbol genealógico).
— Identificar el papel de los abuelos en la sociedad actual.
— Comprender la dimensión humana de la vida que ofrecen los abuelos.
— Entender la relación y los lazos afectivos ABUELOS-NIETOS.
— Comprender y valorar la experiencia de los abuelos, son MAESTROS por su propia experiencia.
— Conocer las costumbres y aficiones de nuestros abuelos.

— Participar en los actos con motivo del Día de los Abuelos, el 26 de julio.

4. BENEFICIOS DE ESTA PRÁCTICA

Esta última práctica está pensada para que nuestros niños y niñas, así como nosotros, los profesores, conozcamos los beneficios del ahorro. Entre ellos podemos destacar las historias que los abuelos cuentan sobre la vida de sus hijos, o sea, los padres, cuando ellos también eran niños, y que hacen que el niño tenga un sentido de continuidad de la familia aceptando que sus padres también son humanos y así pueda identificarse con ellos. Por otra parte, los nietos constituyen en los abuelos la unión pasado-futuro en la dinastía de la familia.

Los abuelos enseñarán a sus nietos a conocer sus raíces. El álbum familiar que contiene aquellas fotos en las que aparecen sus padres, sus bisabuelos y los abuelos mismos será como una película antigua que recordará momentos felices.

5. ACTIVIDADES PARA CELEBRAR EL DÍA DE LOS ABUELOS, 26 DE JULIO

— Los abuelos enseñarán a los nietos a leer en voz alta, a compartir libros diversos, despertarán en los niños el amor a la lectura de por vida, unirán su sabiduría a la inocencia del niño... ¡Los mejores cuentos son los del abuelo! Investigamos, ¿sabéis algún cuento de la época de los abuelos?, ¿sabéis alguna poesía, trabalenguas o adivinanza?

— Los abuelos harán excursiones con los nietos. Con la mochila preparada, abuelos y nietos se dirigirán al campo, a pescar, a montar despacio en bici, a recoger moras para hacer mermelada... Dibujamos la excursión con los abuelos secuenciada.

— Los abuelos jugarán con los nietos. Las cartas, el parchís y el dominó son algunos de los juegos preferidos de los abuelos. También jugarán a disfrazarse con la ropa del baúl que está en el desván o ayudarán a cocinar a la abuela cuando prepare la comida diaria, una merienda sorpresa o un dulce especial (galletas, flanes...). ¿Realizamos un taller de juegos tradicionales? ¿Realizamos un taller con «las recetas de la abuela»? ¿Realizamos un taller de costura y aprendemos a tricotar? Distribuiremos a los niños por grupos para una mejor organización.

— Los abuelos en... Prototipos de Abuelos en la literatura, en el cine, en el cuento, en la pintura... Investigamos.

— Diploma al «Mejor abuelo» y a la «Mejor abuela».

— Manualidades:

  — Bolsa de tela para la lana y las agujas de la abuela
  — Cajita de plástico resistente para los anzuelos de la caña de pescar del abuelo
  — Funda de gafas para que el abuelo/a guarde sus lentes por la noche
  — Madera a la que le colocamos ganchitos para que los abuelos puedan colgar sus llaves.

— *Nuestro libro-diario de la familia dedicado a los abuelos* recogerá nuestros aprendizajes, nuestro nuevo vocabulario relacionado con la genealogía, las experiencias de los abuelos, los juegos tradicionales, los oficios de antes...

ANEXO 3

PARA DOCENTES Y FAMILIAS MÁS *ATREVIDAS*... UNA PRÁCTICA-COMPROMISO CON «EL MEDIO AMBIENTE»

El 15 de diciembre de 1972, la Asamblea General de la ONU designó el 5 de junio Día Mundial del Medio Ambiente para dar a conocer mejor la necesidad de conservar y mejorar el medio ambiente.

1. PARA REALIZAR ESTA PRÁCTICA PODEMOS TENER EN CUENTA ALGUNOS APUNTES

El medio ambiente no solamente está formado por los animales, las plantas, el aire, el agua o el suelo, también lo constituyen las personas con sus diferentes culturas, tradiciones, relaciones y valores. El medio ambiente también se cuida respetando a los demás y viviendo en armonía y en paz.

Desde nuestra función como educadores nos preguntamos cómo lograr el equilibrio entre recursos, necesidades, desgaste, utilización adecuada, consumo excesivo... en este proyecto intentaremos sensibilizar a nuestros niños para que sean conscientes del uso de recursos ecológicos, económicos y personales además de ayudarles a comprender lo que significa consumir y la responsabilidad de cada uno de nosotros en el futuro.

2. ¿QUÉ SABEMOS DEL «MEDIO AMBIENTE»?

¿Qué significa SOSTENIBILIDAD? Satisfacer las necesidades que tenemos pero permitiendo que también puedan satisfacerlas las personas que vendrán detrás de nosotros. Se necesita sostenibilidad para que nuestro planeta esté en equilibrio, la sostenibilidad es reponer cada cosa que se utiliza y para eso sirve por ejemplo la separación de los residuos y envases. Al reciclarlos volverán a servir como nueva materia prima y así no gastaremos más de lo necesario.

Desde nuestro colegio y nuestro hogar podemos pensar qué cosas podemos hacer para repartir más y gastar menos... ¿Cómo hacer el colegio más sostenible? ¿Cómo colaborar desde nuestra aula y desde nuestra casa para que el mundo progrese de manera más equilibrada?

3. OBJETIVOS DIDÁCTICOS QUE SE TRABAJAN

— Conocer mejor la necesidad de conservar y mejorar el medio ambiente.
— Identificar el equilibrio entre desgaste y utilización de los recursos.

— Ayudarles a comprender lo que significa consumir.
— Entender para qué sirve la separación de residuos y de envases.
— Comprender y valorar la responsabilidad de cada uno y su impacto en el medio ambiente futuro.
— Entender el concepto *sostenibilidad*.
— Participar en hacer un colegio «más sostenible».
— Participar en los actos con motivo del Día del Medio Ambiente el 5 de junio.

4. BENEFICIOS DE ESTA PRÁCTICA

«Siendo niño puedes hacer muchísimo por el medio ambiente desde el lugar donde vives. Muchas personas creen que por ser pequeño no entiendes lo importante que es cuidar el medio ambiente y no eres capaz de poner en práctica medidas para lograrlo, sin embargo eres tú el ejemplo para los adultos, pues vives más sensible y más consciente, tienes energía para empezar a cuidar tu entorno. No permitas que el lugar en donde vives ahora y en un futuro se destruya y contamine, colabora para lograr un mundo mejor y más saludable».

5. ACTIVIDADES

¿Cómo cuidamos el ambiente desde casa?

— Reciclar la basura: separar la basura orgánica (restos de alimentos) e inorgánica (papel, cartón, vidrio y metales).
— Sembrar un arbolito o una planta en el jardín: nos proporcionará oxígeno.

— Pedir a papá o a mamá que estén revisadas las instalaciones de gas y las tuberías del agua para repararlas en caso de fuga.

— Cuidar de que las luces de las habitaciones estén apagadas en el caso de no estar usándolas.

— Desconectar los aparatos eléctricos que no se estén usando.

— Ahorrar agua. Cerrar el grifo mientras nos damos jabón en las manos o nos cepillamos los dientes.

— Llevar nuestro carrito o bolsa reciclable cuando vayamos a comprar al supermercado para evitar acumular tantas bolsas.

— Recordar escuchar música bajita porque el ruido también contamina.

— Cuidar y respetar a las mascotas.

«Decálogo de normas de sostenibilidad»

Los papás y los niños confeccionarán un decálogo de normas de sostenibilidad en el día a día. Podrán utilizar un *brainstorming*, después ponerse de acuerdo, y proceder a redactarlo. Una vez conformado se harán copias para que todos lo tengan y firmarán su compromiso por cumplirlas.

«¿Qué te llevarías a una isla desierta?»

Pediremos a los niños que escriban o dibujen 10 cosas que se llevarían a una isla desierta si tuvieran que pasar allí una semana. Cada vez que elijan un objeto se preguntarán si de verdad lo necesitan o pueden pasar sin él... Al final de la actividad explicarán por qué han elegido cada uno de ellos.

— Realizar carteritas para guardar nuestras cosas utilizando briks.

— Juego «Tres en raya» con fichas ecológicas.

— Realizar una «Huella ecológica» de nuestras manos y de nuestros pies.

— Calcetines viejos para hacer muñecos.

— «Bolos ecológicos». Podemos utilizar botellitas de plástico del mismo tamaño.

— «Escultura ecológica». Con todos los envases que vayamos recopilando se construirá una escultura. Podrá ser temática y buscaremos el motivo a representar mediante una lluvia de ideas o, sencillamente se irá dando forma incorporando envases y utilizando herramientas como cuerdas, gomas elásticas, celofán, cola blanca. Al final del proyecto se desmontará y los envases se repartirán en sus contenedores correspondientes.

— «Diana Ecológica». Podemos montar una caseta de tiro a la diana con pelotas con velcro. Se intentará acertar con la pelota en la diana del color del contenedor en el que vamos a depositar nuestro envase: amarillo para envases de plástico, azul para envases de cartón y el papel, verde para el vidrio y gris para el resto.

ANEXO 4

MATERIALES PARA EDUCAR EN VALORES A LOS MÁS PEQUEÑOS DURANTE TODOS LOS MESES DEL AÑO
(EN CADA MES ENCONTRARÉIS 4 EXPRESIONES + 4 REFLEXIONES)

ENERO

1. «ME GUSTA MI MUNDO, NO LO CAMBIARÍA POR NADA»

Reflexión: Comentaremos con los niños la siguiente frase:

El mundo es muy grande pero *nuestro mundo* es más pequeño.

Preguntas:

— ¿Qué personas y lugares forman *tu mundo*?

— ¿Qué cosas te gustan de *tu mundo*?

— Piensa en aquellas cosas que no cambiarías por nada y di algunas en voz alta.

— ¿A qué lugar de «un mundo tan grande» te gustaría ir?

2. «LA PAZ BRILLA SI EXISTEN PERSONAS JUSTAS»

Reflexión: Es importante observar a las personas que actúan favoreciendo la paz.

Preguntas:

— Imagínate que estás con tus amigos. Uno de ellos tiene chicles y los está repartiendo... pero a algunos amigos les da más que a otros. Os enfadáis... ¿Está repartiendo los chicles tu amigo de manera justa? ¿Os tendría que tocar a cada uno la misma cantidad?

— ¿Por qué crees que una persona puede actuar utilizando la violencia?

— La paloma representa la paz, ¿se te ocurren otras formas que la simbolicen?

3. «ME ENCANTA COMPARTIR, SOY SOLIDARIO»

Reflexión: ¡Soy solidario! También comparto con los demás lo que nos preocupa, no solamente cosas materiales..., así intentamos entre todos salir adelante.

Preguntas:

— Cuando somos solidarios compartimos con los demás los problemas que les afectan y les preocupan... ¿recuerdas a alguien con quien te hayas mostrado solidario últimamente?

— ¿Qué te sugiere la palabra *solidaridad*?

— La solidaridad no consiste solo en compartir juguetes o dinero, si tu amigo/a está triste... ¿cómo puedes ser solidario con él?

4. «MI ABUELITO/A YA NO ESTÁ CONMIGO»

Reflexión: Cuando las personas queridas ya no están con nosotros guardamos un sitio para ellos en nuestro corazón.
    Preguntas:
— ¿Qué personas de las que ya no están aquí contigo ocupan un lugar en tu corazón?
— ¿Por qué ocupan un lugar tan importante?
— ¿Te sientes feliz cuando recuerdas que tienen un rinconcito en tu corazón?

FEBRERO

1. «¡SE HA ESTROPEADO EL COCHE! ¿QUÉ HACEMOS?»

Reflexión: Cuando una cosa no funciona o se estropea, no nos rendiremos; buscaremos otro medio para conseguir nuestro propósito.
    Preguntas:
— Si el coche no funciona, con él no llegarás donde quieres ir, ¿qué deberías hacer en este caso?, ¿qué soluciones buscarías para llegar a tu destino?
— Tu amigo está triste porque su mochila tiene rota la cremallera y se salen sus cosas... no la puede cerrar, ¿qué le dirías?
— ¿Crees que quejándote y poniéndote triste se arreglará lo que se ha roto?

2. «¡ESFUÉRZATE! CONSEGUIRÁS LO QUE DESEAS»

Reflexión: Desde pequeñitos debemos confiar en el resultado de nuestros esfuerzos.
    Preguntas:

— ¿Qué quieres conseguir ahora? ¿Qué metas tienes en el cole?

— ¿Qué crees que significa *esforzarse*? ¿Qué esfuerzos hace tu héroe preferido para cumplir sus misiones?

3. «CADA COSA TIENE SU TIEMPO»

Reflexión: Es conveniente que organices tu tiempo.
Preguntas:

— ¿Te da tiempo a hacer todas las actividades que te marcas cada día? ¿Preguntas cuánto tiempo te falta a tus padres?

— ¿Distribuyes tu tiempo igual los días de colegio y los días de fiesta?

— ¿A qué hora te levantas los días que hay cole? ¿Y los fines de semana?

— «Si dedicas un tiempo para cada cosa, conseguirás hacer todo sin fatigarte». Reflexiona sobre esta frase.

4. «AYUDA A LOS DEMÁS, TE SENTIRÁS SATISFECHO»

Reflexión: Ayudar a los demás te facilitará tu relación con ellos.
Preguntas:

— ¿Tienes algún amigo que necesita ayuda? Piensa cómo puedes ayudarle.

— Reflexiona sobre alguna ocasión en la que hayas ayudado a alguien. ¿Qué hiciste? ¿De qué sirvió tu ayuda? ¿Cómo se sintió esa persona?

— Di qué significa para ti *ayudar*. «Ayudar es...».

MARZO

1. «TU ENFADO DURA MUCHO TIEMPO. ¿POR QUÉ?»

Reflexión: Los enfados duraderos no benefician las relaciones con los demás, es importante dialogar.

Preguntas:

— ¿Qué ocurriría si tu amigo estuviera enfadado tanto tiempo como tú con él? ¿Podríais estar sin hablar días, incluso meses?

— Piensa en una cuerda larga, si tú tiras mucho de un extremo y tu amigo también pero del otro extremo, la cuerda se romperá y ya no os servirá para jugar. Pero si uno de vosotros afloja e intenta dialogar con el otro, no pasará nada. Lo mismo sucede con el enfado. Reflexiona sobre esto.

— ¿Cómo crees que se sentiría un niño que siempre estuviera enfadado?

2. «TIENES UN PROBLEMA. MUÉVETE, NO TE QUEDES PARADO»

Reflexión: Si te quedas quieto y con los brazos cruzados, no lograrás salir de las dificultades.

Preguntas:

— Cuando tienes un problema que te preocupa y lo cuentas a tus padres, quizá ellos te digan «¡No te quedes parado!». ¿Sabes qué quieren decirte con eso?

— Imagínate que se te ha perdido tu juguete preferido... solo quieres llorar porque estás muy triste y a la vez te encuentras con cierta rabia, ¿crees que así se solucionará el problema?

— Juan está enfadado porque a su madre se le ha olvidado un regalo que le prometió. ¿Crees que se solucionará su problema si continúa de mal humor y sin dialogar con su madre?

3. «¡¡¡GRACIAS!!!»

Reflexión: Expresa tu sentimiento de agradecimiento y gratitud.

Preguntas:
— ¿Recuerdas lo que has hecho esta mañana en casa?... ¿Has dicho «gracias» alguna vez?
— ¿Sabes que hay muchas formas de decir «gracias»? (con la voz, con un gesto, con un abrazo...)
— ¿Cómo respondes cuando alguien te dice «gracias»?

4. «CUIDAMOS DE LAS PERSONAS MAYORES»

Reflexión: Implicar a los niños en el cuidado de los ancianos y adoptar una actitud de respeto hacia ellos.

Preguntas:
— ¿Hay en tu familia alguna persona muy mayor? ¿Qué es lo que más te gusta de él o ella?
— Cuando somos niños nuestros padres nos cuidan, ¿quiénes crees que deben cuidar a los papás cuando son mayores?
— ¿Qué cosas crees que preocupan más a las personas mayores?

ABRIL

1. «LA NATURALEZA, LAS PLANTAS, LOS ANIMALES Y LAS PERSONAS TENEMOS NUESTRO CICLO DE VIDA»

Reflexión: Los seres vivos tenemos un ciclo vital que se inicia con el nacimiento y se termina con la muerte.

Preguntas:

— Fíjate en los árboles y en las flores, ¿crees que todo el año tienen el mismo aspecto? ¿En qué época te gustan más?

— Por el camino de nuestra vida pasamos por muchas etapas. Pregunta a tu abuelito o abuelita cuál le ha gustado más y en cuáles de ellas se ha sentido mejor.

— Reflexiona sobre la siguiente frase: «La vida vuelve a empezar cada día al despertar».

2. «EL DÍA ES LARGO. ¡PONTE LAS PILAS!»

Reflexión: Cada día hacemos muchas cosas, para todas ellas nos hace falta energía.

Preguntas:

— Todos los días corremos, jugamos, aprendemos... Para todas estas actividades necesitamos tener energía. Comer es una de las formas de obtener energía, ¿de qué otras maneras consigues la energía necesaria para estas acciones?

— ¿A qué hora te vas a dormir? ¿Qué ocurre cuando una noche no duermes bien y te despiertas continuamente? ¿Al día siguiente tienes ganas de hacer todas tus cosas?

— El descanso a ratitos también te ayuda a recuperarte. Algunos niños descansan viendo la tele o jugando con el ordenador, otros leen cuentos... ¿cómo descansas tú? ¿Crees que una forma de descansar sería «cerrar los ojos un ratito»?

3. «CONOCE TU LOCALIDAD Y ¡VÍVELA!»

Reflexión: El lugar donde vives siempre tiene algo especial.

Preguntas:

— Piensa en la ciudad o en el pueblo donde vives y completa

la siguiente frase: «Yo vivo en _____ y lo que más me gusta de _____ es _____».

— Imagínate que viene un amigo tuyo desde muy lejos a conocer tu localidad, ¿a qué sitios le llevarías?

— ¿Qué cosas cambiarías de tu localidad porque te gustan menos?

4. «LOS NIÑOS ENFERMOS»

Reflexión: Muchos niños pasan los días en el hospital esperando curarse.

Preguntas:

— ¿Sabes que existen enfermedades *crónicas* (que duran mucho o para siempre)? ¿Has oído hablar de los niños hospitalizados?

— ¿Sabes que muchos futbolistas y otros deportistas famosos les visitan para darles una sorpresa?

— ¿Qué harías tú si tuvieras un familiar o un amigo hospitalizado?

MAYO

1. «¡ES MENTIRA!»

Reflexión: Decir la verdad te ayudará a formarte como persona.

Preguntas:

— ¿Qué es «decir una mentira»?

— ¿Recuerdas alguna mentira que hayas dicho en algún momento?... ¿Por qué? ¿Te daba miedo decir la verdad? ¿Qué pasó después?

— ¿Cómo crees que se sienten las personas que son engañadas? ¿Cómo te sentirías tú si tu amigo te engañara?

2. «EN LA CALLE, CAMINA CON PRUDENCIA»

Reflexión: Es muy importante actuar con responsabilidad en los desplazamientos por la calle.

Preguntas:

— ¿Qué crees que tienes que hacer para ser prudente cuando vas andando por la calle?

— Piensa y explica cómo cruzar de una acera a otra en un lugar donde pasan los coches.

— ¿Qué crees que deben hacer los conductores de coches para evitar accidentes de tráfico?

— Juan no se fija en ninguna señal y cruza las calles corriendo y saltando, a veces se suelta de la mano de sus padres, ¿qué le dirías? Ayúdale a comprender que lo que hace es peligroso para que no siga manteniendo esa actitud.

3. «PERTENEZCO A UN GRUPO»

Reflexión: Reflexionar sobre las implicaciones básicas de pertenecer a un grupo.

Preguntas:

— Estáis jugando en el parque al «pilla-pilla». Sois un grupo de 7 niños pero el que liga corre demasiado y no podéis alejaros de él antes de que os coja... ¿qué le diríais?

— ¿Crees que pertenecer a un grupo significa pensar en alguien más que no seas tú mismo?

— Estáis jugando al baloncesto y vuestro equipo va ganando porque estáis muy coordinados y os apoyáis unos a otros... ¿creéis que estáis jugando bien en grupo?, ¿sabes qué significa *compañerismo*?

4. «LA GENEROSIDAD SURGE CUANDO PENSAMOS EN EL OTRO»

Reflexión: Darse cuenta y valorar positivamente formas de actuación generosa.

Preguntas:

— ¿Qué significa *echar una mano* a los demás?

— ¿Qué significa *compartir*? No solo compartimos cosas materiales, también podemos compartir sentimientos...: ¿qué es compartir alegría?

— Quién crees que es más generoso, ¿el que «comparte y da» o el que «dice que te lo da más tarde»?

JUNIO

1. «LA TIERRA ES MI HOGAR, AMO MI PLANETA» (desarrollo sostenible)

Reflexión: ¿Crees que puedes vivir en el planeta sin cuidarlo?
Preguntas:

— Cuando tú amas a personas (tus padres o tus hermanos), los cuidas y estás pendiente de ellos. ¿Cómo crees que podemos cuidar la Tierra?

— Haz un dibujo de todas las cosas que te gustan de la Tierra. ¿Crees que tienes razones para amarla?

— ¿Crees que las personas que vierten basura en el campo o provocan incendios aman al planeta Tierra?

2. «EN MI CLASE HAY UN NIÑO DE OTRO PAÍS»

Reflexión: Todos somos iguales, no existen fronteras marcadas por las razas.

Preguntas:

— Juan se marchó a vivir a otro país con su familia. El primer día de colegio se sintió un poco extraño porque todos lo miraban y se sentía distinto del resto. ¿En tu colegio ha pasado algo parecido alguna vez?

— «Somos todos iguales», ¿qué crees que puede significar esta frase? ¿Juegas con todos los amigos y compañeros sin importarte cómo son?

— Existen personas que eligen a sus amigos rechazando a otros por ser de diferentes rasgos. ¿Qué opinas tú de esto?

3. «ALGUIEN NECESITA LO QUE A TI TE SOBRA»

Reflexión: Las situaciones de *necesidad* (necesidades básicas poco cubiertas)

Preguntas:

— En el colegio tenemos material: sillas, mesas, pizarras, ordenadores... ¿crees que todos los colegios que existen en el mundo son como el nuestro?

— ¿Qué entiendes tú por «pasar necesidad»? ¿Sabes que hay niños que no tienen comida todos los días?, ¿Sabes que hay niños que no tienen una habitación para dormir como tú? Estos niños «pasan necesidad».

— ¿Se te ocurre alguna manera de hacerles llegar lo que a ti te sobra? Podrías guardarlo en cajas y después llevarlo con ayuda de tus padres a lugares de recogida.

4. «VIVE CON ILUSIÓN»

Reflexión: Reconocer la importancia de afrontar la vida con ILUSIÓN.

Preguntas:

— Cuando hacemos las cosas sin ganas se nos hacen pesadas, estamos de mal humor y probablemente no nos salen bien. En cambio, ¿qué sucede cuando las hacemos con ilusión?

—A veces nos cuesta encontrar la ilusión para hacer algo, pero nuestros padres y amigos nos animan a hacerlo. Piensa cómo puedes tú ayudar a los demás a vivir con ilusión.

—Si vivimos con ilusión estaremos contentos, pero si nos dejamos llevar por la tristeza, ¿cómo crees que nos sentiremos?

JULIO

1. «¿HAS PREPARADO YA TUS VACACIONES?»

Reflexión: ¿Qué hacemos para planificar unas buenas vacaciones?

Preguntas:

—Las vacaciones de verano son muy largas, son tantos días que hay tiempo para hacer todo tipo de cosas. ¿Qué vas a hacer tú?

—Elabora una lista: «Lista de cosas para pasar unas vacaciones muy agradables». Puedes realizarla utilizando pegatinas, dibujos divertidos e incluso *collages*; después colócala en la pared de tu habitación.

2. «¿TE APETECE HACER COSAS PARA LAS QUE NO HAS TENIDO TIEMPO?»

Reflexión: En verano podemos encontrar tiempo para hacer todo lo que queramos...

Preguntas:

—Piensa, ¿hay algo que te apetece hacer y no has encontrado tiempo para poder hacerlo?

—¿Crees que ahora en vacaciones será más fácil y lo podrás hacer?

— ¿Cuánto tiempo utilizas para jugar libremente cada día? ¿Y para otras cosas? ¿Cómo podrías organizarte?

3. «LA FELICIDAD NO CONSISTE EN TENER NUEVOS JUEGOS CADA DÍA NI EN RECIBIR MUCHOS REGALOS»

Reflexión: Intentar que los niños discriminen entre felicidad y bienestar material.

Preguntas:

— Existen muchos cuentos que hablan de personas que tienen mucho dinero y riquezas pero no son felices, ¿recuerdas alguno?

— ¿Cómo piensas que podemos ser felices? ¿Qué te parece disfrutar cada día de lo que haces con ilusión?

4. «LA ENVIDIA NOS HACE INFELICES»

Reflexión: Comprender la felicidad alegrándonos del bien de los demás»

Preguntas:

— Cuando un amigo tiene muchos juguetes sentimos cierta *envidia*, pero ¿crees que será muy feliz solamente por estar rodeado de juguetes?

— ¿Te alegras cuando algún amigo te dice que le han regalado un nuevo juego y te invita a jugar con él?, ¿o desearías tenerlo tú?

— ¿Crees que la envidia y la felicidad se llevan bien?

AGOSTO

1. «¡APRENDE A VIVIR!»

Reflexión: ¿Qué vamos aprendiendo cada día? Aprendizajes desde el nacimiento hasta la edad actual.

Preguntas:

— Escucha y reflexiona: cuando somos pequeños, dependemos de nuestros padres para todo. Según vamos creciendo, sabemos hacer más cosas solos hasta que llega un momento en el que somos autónomos y aprendemos a vivir.

— Dibuja aquellas cosas que sabes hacer ya sin ayuda.

— ¿Crees que habrá «aprendido a vivir» un niño demasiado protegido por sus padres?, ¿crees que será alguna vez autónomo si le hacen todas las cosas?

2. «¡CUIDADO CON EL SOL!»

Reflexión: el cuidado de nuestra piel. Nos protegemos de las quemaduras del sol.

Preguntas:

— ¿Qué llevarías en tu mochila de playa?

— ¿Qué ocurre si no nos aplicamos convenientemente el protector solar?

— Cuidar nuestra piel en verano es muy importante, pero también nuestro cuerpo. ¿Cómo podemos hidratarlos? ¿Bebes mucho líquido en verano?

3. «EL DESCANSO EN VERANO»

Reflexión: dormir en verano. Mantenemos nuestras horas de sueño aunque tengamos calor.

Preguntas:

— ¿Dedicas un ratito a descansar después de comer?

— ¿Qué ocurre si no dormimos lo suficiente aunque pasemos un poco de calor?

— Descansar y dormir en verano es muy importante para nuestro bienestar. ¿Cómo podemos descansar mejor? ¿En qué habitación de tu casa de verano hace menos calor?

4. «PREPARA LA VUELTA A LAS RUTINAS»

Reflexión: El verano finaliza, vamos cambiando nuestras rutinas y nos preparamos para la vuelta al cole.

Preguntas:
— ¿Cuántas veces comes en verano?
— ¿Te parece que vayamos volviendo a hacer las cuatro comidas diarias para preparar la llegada de septiembre?
— ¿Te parece también que te vayas acostando un poquito más temprano y te levantes antes?

SEPTIEMBRE

1. «¡ME ENCANTA IR AL COLEGIO Y REENCONTRARME CON MIS COMPAÑEROS/AS!»

Las preguntas que podrían acompañar a la reflexión serían las siguientes:
— ¿Has preparado algo especial para estos primeros días de colegio?
— ¿Tenías ganas de reencontrarte con compañeros del año pasado?
— ¿Echabas de menos actividades y juegos en los que participaste el curso anterior? ¿Recuerdas algunos?
— ¿Has tenido alguna sorpresa al comenzar el nuevo curso?

2. «¡HOY ES UN DÍA PRECIOSO!, ¡VOY A SER FELIZ!»

Las preguntas que podrían acompañar a la reflexión serían las siguientes:
— ¿Te has sentido triste estos últimos días?
— ¿Qué ocurre cuando te levantas contento/a y de buen humor?, ¿cómo salen las cosas?
— Comentamos la frase «UN NUEVO DÍA PARA VIVIR».

3. «¿COMPARTIMOS EL JUEGO?» NOS LO PASAREMOS MEJOR ASÍ QUE COMPITIENDO

Las preguntas que podrían acompañar a la reflexión serían las siguientes:

— ¿Cómo crees que se comportan los niños que juegan juntos?

— ¿Cómo crees que se comportan los niños que juegan solos, cada uno por su lado?

— ¿Crees que los niños que juegan la mayor parte del tiempo solos se divierten?

— ¿Crees que a veces es conveniente jugar un rato solos?

4. «EN MI CASA CONVIVO SOLO CON MI FAMILIA Y EN EL COLEGIO CONVIVO CON MUCHAS PERSONAS...»

Las preguntas que podrían acompañar a la reflexión serían las siguientes:

— ¿Sabes qué significa la palabra *CONVIVIR*?

— Imagínate viviendo completamente solo/a, sin nadie, aislado... ¿Cómo te sentirías?

— ¿Por qué crees que nos necesitamos unos a otros cada día que vivimos?

OCTUBRE

1. «ME GUSTA MUCHO COMPARTIR MI TIEMPO CON MI FAMILIA»

Las preguntas que podrían acompañar a la reflexión serían las siguientes:

— ¿Cómo se llaman las personas que forman parte de tu familia? ¿Qué cosas haces habitualmente con cada una de ellas?

— Explica algo divertido que hayas hecho últimamente en familia.

— ¿Qué vas a hacer el próximo fin de semana? Piensa en una excursión divertida con tu familia y después coméntala a todos para que tengan en cuenta tu idea.

2. «¡QUÉ IMPORTANTE ES ESTAR DE BUEN HUMOR!»

Las preguntas que podrían acompañar a la reflexión serían las siguientes:

— ¿Cómo te sientes cuando estás de buen humor?

— ¿Te imaginas que tu amigo estuviera todos los días enfadado? ¿Cómo le convencerías para que se pusiera contento? ¿Cómo le explicarías las ventajas que conlleva estar de buen humor?

— Elige una palabra que conozcas para resumir *el buen humor*, ¿qué sentimientos expresamos si nos sentimos alegres?

3. «MI DESAYUNO ES COMPLETO: LECHE, FRUTA Y CEREALES»

Las preguntas que podrían acompañar a la reflexión serían las siguientes:

— ¿Cuál es tu desayuno preferido? ¿Lo tomas cada día?

— Si no seguimos una dieta equilibrada muchas vitaminas no estarán presentes y nuestra salud quedará perjudicada, ¿recuerdas alimentos imprescindibles en nuestra alimentación?

— ¿Qué crees que le sucedería a un niño que desayunara siempre chucherías o dulces?

4. «HOY VOY A TOMAR MI FRUTA PREFERIDA»

Las preguntas que podrían acompañar a la reflexión serían las siguientes:

— ¿Cuál es tu fruta favorita? ¿En qué época del año puedes tomarla?

— Piensa en formas originales de saborear fruta además de pelarla, cortarla y comerla. Por ejemplo podemos hacer una macedonia, una ensalada que contenga frutas, un batido... ¿Se te ocurre alguna receta divertida con frutas?

— A tu amigo o amiga no le gusta la fruta y siempre toma dulces de postre, ¿qué le dirías? ¿Crees que podría empezar a tomar fruta eligiendo su preferida y después probar todas las demás?

NOVIEMBRE

1. «QUIERO HACER UN MUNDO MUY BONITO Y ACOGEDOR»

Las preguntas que podrían acompañar a la reflexión serían las siguientes:

— ¿Qué haces para tener tu habitación bonita y acogedora? ¿Qué cuadros o pósteres colgarías? ¿De qué color la pintarías?

— ¿Qué crees que hace que un lugar sea bonito?, ¿la decoración y las personas que están allí?, ¿algo más?

— ¿Cómo te sientes cuando estás en un sitio bonito y acogedor?

2. «HOY ME VOY A PORTAR BIEN Y REALIZARÉ COSAS BUENAS»

— Cada día tenemos un montón de ocasiones para hacer

el bien y realizar tareas buenas. Reflexiona sobre esto y comenta cómo te has comportado estos días anteriores.

— Cuando realizas cosas buenas obtienes tu recompensa, pero hacer el bien requiere un esfuerzo... Muchas veces la mentira o el comportamiento no demasiado bueno ganan... ¿recuerdas la última vez que venciste a la mentira comportándote bien y diciendo la verdad? ¿Qué pasó?

— Reflexiona sobre esta frase: «Merece la pena sacar lo mejor que tengo dentro».

3. «TODOS SOMOS DIFERENTES, PERO EN EL FONDO IGUALES. RESPETÉMONOS LOS UNOS A LOS OTROS»

Reflexión: Ser capaces de valorar positivamente la diversidad.

Las preguntas que podrían acompañar a la reflexión serían las siguientes:

— Disfrázate de otra persona muy distinta a ti, ¿cómo te sientes? Lo más importante es que sigues siendo UNA PERSONA. Piensa un nombre y di de qué país eres.

— Observa a tus amigos, todos somos diferentes. Ahora apagaremos la luz y la clase quedará a oscuras, ¿cómo somos ahora?

— Tú eres de un equipo de fútbol y tu amigo de otro. Sois aficionados de dos equipos diferentes pero tenéis algo en común: a los dos os gusta el fútbol. Siempre hay algo que se comparte aunque las opiniones sean distintas.

4. «HAY NIÑOS COMO NOSOTROS QUE NO TIENEN QUÉ COMER CADA DÍA, ES IMPORTANTE SABER QUE EXISTE EL HAMBRE EN NUESTRO MUNDO».

Reflexión: El hambre es un problema de todos.

Las preguntas que podrían acompañar a la reflexión serían las siguientes:

— ¿Sabes que hay niños que pasan hambre cada día?

— ¿Cómo crees que podríamos contribuir a paliar este gran problema desde nuestro hogar, nuestro colegio y nuestra ciudad?

— Vamos a reflexionar sobre la siguiente frase: «Todos los niños tienen derecho a crecer y desarrollarse en buena salud»...

DICIEMBRE

1. «¿QUÉ ES LA NAVIDAD?»

Reflexión: Vamos a compartir las vivencias relacionadas con la Navidad.

Preguntas:

— Imagínate que estás con tus amigos. Uno de ellos (de cultura diferente a la tuya) quiere que le expliques qué es para ti la Navidad. Cuéntale cómo la vives y qué quiere decir Navidad para ti y para tu familia, cómo la celebráis, cuáles son los acontecimientos más especiales...

— En Navidad todos los días están repletos de tradiciones e ilusión: poner el Belén, cantar villancicos, cenar todos juntos en Nochebuena... ¿Cuál es el momento que más te gusta?

— Reflexiona sobre la siguiente frase y represéntala dibujada: «La Navidad es la fiesta de la PAZ». Comienza por decir situaciones en las que hace falta paz... ¿cómo podrías llegar a cada una de ellas?, ¿qué te parece si este momento del año fuera un tiempo de diálogo?

2. «LOS TRES REYES MAGOS Y PAPÁ NOEL CON SUS REGALOS»

Reflexión: Los Reyes Magos vienen de Oriente cargados de regalos. También Papá Noel desde su casa en el Polo Norte. ¿Cuántos quieres para ti? (recuerda la palabra COMPARTIR).

Preguntas:

— Piensa en todas las cosas que has escrito en la carta para que te las traigan los Reyes Magos... ¿realmente necesitas tanto? ¿Qué te parece elegir un número adecuado antes de enviársela a sus majestades? ¿Y con la carta a Papá Noel?

— ¿Cuál es tu rey favorito? Si estuvieras delante de él, ¿qué le dirías?

— Observa el dibujo de la Estrella de la Navidad. ¿Por qué la siguieron los Reyes Magos?, ¿hacia dónde les guiaba?

3. «SÉ HACER MUY BIEN LAS COSAS»

Preguntas:

— Explica a tus amigos, después de pensar un ratito en silencio, cuáles son tus habilidades especiales, aquellas cosas que haces mejor y te sientes bien por ello.

— Imagínate que un niño o una persona adulta ha desarrollado muy bien el talento para dibujar, es un gran dibujante. El problema aparece cuando tiene que mostrar a los demás sus obras. Tiene vergüenza y decide esconderlas, ocultando también su habilidad... ¿qué le dirías?

— Cuando damos lo mejor que tenemos nos sentimos importantes y recibimos recompensas. ¿Recuerdas la última ocasión en que lo has hecho? ¿Dónde y cómo has mostrado tu talento? ¿Ha llegado ya la recompensa por ello o debes esperar?

4. «¡PRUEBA OTRA VEZ!» EXISTEN MUCHAS MANERAS DE HACER LAS COSAS

Preguntas:

— ¿Sabes qué significa *equivocarse* o cometer errores? Tú, igual que todas las personas, puedes cometer fallos, lo importante es saber rectificar, aprender de lo que has hecho mal y la próxima vez que te ocurra algo parecido no actuar de la misma manera.

— Cuando una persona mayor dice «Ahora adoptaré una buena postura» nos explica que actuará de otra forma para cambiar la situación y no equivocarse. Pregunta a la profesora o a tus padres si recuerdan la última vez que «han adoptado una buena postura» y por qué.

— Reflexiona sobre este breve relato: «Hoy la profesora ha dicho que María debía tener el día trabajador. Ha hecho la ficha muy limpia y el dibujo muy bonito y bien coloreado. En cambio, hay días que lo hace todo de cualquier manera. Hoy la profesora está contenta y María todavía más».